愁言三瘦

李清照

婉約詞風、文士抱負、金石為錄，懷家國之憂易安於容膝，望故土難歸卻尋尋覓覓

周舒 著

曾以兩闋〈如夢令〉名動京城的詩書門第之女，
「綠肥紅瘦」的清新詞作無不教文士、詩家拍案稱賞；
作清絕之詞、評詩家高下、懷天地家國……
無以如君子般「倚南窗以寄傲」，便以「審容膝之易安」自勉

兩宋婉約詞的代表、千古第一才女的感遇人生！

—— 易安居士・李清照

目錄

目錄 ————————————

如夢令

—— 少年時，一場東京夢華

▎爭渡，爭渡，驚起一灘鷗鷺

那當是宋哲宗元祐四年（西元一〇八九年）的仲春時節，大宋國都東京城內早已春容滿野，暖律暄晴。所見處，皆是粉牆細柳，煙籠巷陌。道路旁的花都開了，惹得鶯啼芳樹，燕舞晴空。至於那些城中之人，或是香輪暖輾，或是駿騎驕嘶，熙熙攘攘地向著四方散去，只為一探東京城外的春天。

許多人都奔向了城西的新鄭門，門外大道的南北兩側是皇家瓊林苑與金明池。每逢春來，朝廷便會下令准許士卒百姓前往遊賞。聽說，文正公馬光生前曾盛讚此地「日華駘蕩、波光靜綠」的美景。如今賢者雖去，但東京的百姓們依然感念他的恩德，更願意去一睹皇家園林的勝景。

然而，在華蓋雲集的通衢大道上，幾輛車子卻逆流而行，向著城內緩緩駛去，故此尤其惹人注意。風動車簾，那中間車篷裡一個六七歲的女童正用她明澈的雙眸打量著這個如夢如幻的都城，期待著見到她的父親。

城西一隅，一處宅院前高懸著「李宅」匾額，兩盞泛黃的油紙燈籠在微風中搖盪。當此繁花正盛時節，院內卻是竹影參差，苔痕濃淡，一片蔭翳。那翠竹掩映中有一間闊亮的軒室，匾額上「有竹堂」三個楷字綿勁遲澀，別具一格。

［宋］趙佶 文會圖

此時軒內可謂濟濟一堂，他們大都算是「舊黨赤幟」文正公司馬光的故人。當中高坐一位峨冠多髯者，正吟詠著「怕愁貪睡獨開遲，自恐冰容不入時」的詩句。眾人聽了都拍案稱讚，尊他一聲先生，又稱他作東坡老先生，原來正是翰林院大學士蘇軾。

至於座下弟子，皆是當朝名儒雅士：祕書省校書郎晁補之、太學博士張耒和國史編修官黃庭堅、秦觀，還有同任館職、以文章受知於蘇軾，被稱為蘇門後四學士的李格非、廖正一、李禧、董榮等人。

這些老少儒生們聚在一起，除卻吟詩作賦，感慨春光，更是為了慶賀李格非喜遷新居。三年的苦心經營，李格非終於在京城有了這一方安居之地，可以與家人團圓相聚。

眾人正說話時，外間傳報，小姐李清照回來了。

時人說起李格非，都知他是山東濟南章丘人，與其父皆出自忠獻公韓琦門下，文章清流，頗具風骨。宋神宗熙寧九年（西元一○七六年）赴考之時，眾人皆以詩賦應考，唯有李格非大膽闡述經學，寫下數十萬言《禮記說》，由此得中進士。

大約正是李格非不入俗流的品性，加之他「俊警異甚」的相貌，竟惹得中書門下平章事、集賢殿大學士王珪的青眼，將長女許以為妻。

做了當朝宰輔的乘龍快婿，李格非的仕途本可平步青雲。誰承想，他並未汲汲於官場，而是赴任冀州（今河北衡水冀州），當了個司戶參軍的小官，後又轉至鄆州（今山東泰安東平）任教授。

李格非一向清廉自守，上官見他清貧，考慮朝廷也有兼職兼薪的制度，便勸李格非兼任官職，增加些薪俸。豈知李格非竟是一口回絕。雖然許多人笑他迂腐呆板，卻也見其高風亮節。

可惜可嘆的是，結縭經年，髮妻早亡，只留下一女，名清照。彼時李格非已年屆不惑，他歸居鄉里，膝下唯有幼女相伴，故而每日教她讀書習文，聊作慰藉，更不會多想朝堂紛爭。

若說起大宋朝的廟堂諸事，自神宗熙寧二年（西元一〇六九年）王安石拜相時起，便開始了一場曠日持久的黨派之爭。力主革新的王安石晉用呂惠卿、章惇、韓絳等新人，與朝中保守大臣韓琦、司馬光、蘇軾等抗衡。新舊兩黨更迭執政，王安石兩度拜相、兩番辭官，司馬光更是退居洛陽十五年。這期間，種種新政時行時廢，群臣百姓無所適從，蘇軾、黃庭堅等人也是遭此牽連，宦海沉浮。

元豐八年（西元一〇八五年）三月，神宗趙頊駕崩，年僅九歲的太子趙煦繼位，是為宋哲宗。太皇太后高氏臨朝聽

政，遂下旨廢除新法，恢復舊制，蘇軾、黃庭堅、晁補之等
舊黨官員紛紛被召還京城，而李格非亦是趁此春風入補為太
學錄。雖然只是個九品小官，可他畢竟是來到了東京城內，
還能與這些良師益友時時雅會，說古論今，豈不快哉？

　　如今，李格非轉為太學正，遂決意購一居所，將幼女接
來親自撫養。他修整庭園，栽花種草，階臺旁側，遍植翠
竹，請黃庭堅潑墨題寫了「有竹堂」的軒名，想來也是為了
懷念文正公司馬光當日在洛陽的獨樂園種竹軒的光景。

　　跟隨僕人緩緩走向有竹堂的時候，李清照的內心充滿著
喜悅。儘管當年父親李格非離家赴京時李清照不過三四歲，
但朦朧間仍留存著對父親的最初記憶：他說話很率直，渾身
上下透著一種寧折不彎的風骨，心胸總是那樣開闊明亮。

　　實際上，李清照覺得自己的家人都是性情曠達之輩，這

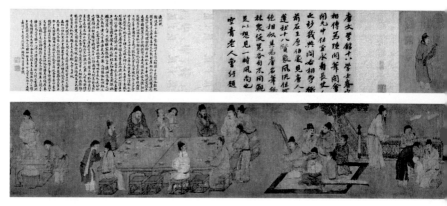

［宋］佚名 春宴圖

大約和故鄉的水土風情脫不了關係。想到此間，李清照不由得惦念起了故鄉，惦念起章丘的老宅。畢竟，她迄今為止的全部回憶都留在了那裡。

坐落於濟南府城東面的章丘是個山環水繞的秀雅小城。仰面南望，一脈青山橫亙東西，正是泰山岱陰。城內流水明淨，前後縈回，其泉水之盛可與濟南城相媲美，故而有「小泉城」之譽。

李清照最惦念的是老宅東北不遠處的百脈泉。長輩們都說，南豐先生曾鞏在濟南做知府時曾言濟南一帶的泉水「皆岱陰伏流所發，西則趵突為魁，東則百脈為冠」。

每次出門李清照都要去泉水池邊玩耍，看著它們汩汩而出，水流盈溢、飛漾地彙聚到繡江河去。至於春夏時節，水岸邊必有垂柳婆娑，輕柔嫵媚，尤為多情。

　　齊魯山川的豪邁與流水清泉的婉約塑造了濟南，亦塑造了這座城裡的人。

　　說起李家，雖不是什麼豪門貴族，卻也是詩書世家，父子兩代文章清流。儘管李清照尚在襁褓時便失去了母親，三歲時父親又離鄉赴任，但她的幼年生活從來都不淒涼孤獨。老宅裡有慈愛的祖父，有和善的伯父伯母，還有一心愛護幼妹的堂兄李迥。在這個溫馨自如的大家庭裡，李清照得以依隨著天性，度過一段無拘無束的時光。

　　年前的時候，李清照恰巧看見堂兄李迥在抄錄一份〈廉先生序〉，才知道那是她的父親李格非所撰。早年間，李格非兄弟三人曾一同拜謁過廉復先生，那時候，年少的李迥得以陪侍左右。為此，李清照便纏著李迥，要他講起當年之事，又鬧著要往西郊一遊，同去尋訪廉先生的舊時居所。當時，李迥哄著年幼的妹妹，只說來年春日再去。

　　誰知道，到了春日，李清照卻要到東京城裡來尋春了。

　　李清照一進得堂內，便拜見了父親與諸位叔伯尊長。她雖然年幼，但言語機敏，性情率真，惹得眾人憐愛不已，都讚她大有其父風範，想必將來也要做個寧折不彎的女夫子，相助丈夫博取功業，留個才女之名。

　　李格非聽了同襟們的笑談，只是捋鬚一笑，摒退了女兒，向眾人開樽勸酒。一陣風過，搖得窗外竹葉亂響，而誰

又能想到，這一日春宴散去，席上諸公便如風雲流散，再無聚首之日。

彼時，因文正公司馬光、司空呂公著皆已辭世，朝政大權落在呂大防、范純仁之手。舊黨諸人對新黨極盡全力打擊，恨不得斬草除根。而在舊黨內部，又為了如何廢除新法產生分歧，彼此排擠、互相攻擊，竟分化為三黨：以洛陽人程頤為首的洛黨，以四川人蘇軾為首的蜀黨，以及以河北人劉摯、梁燾等人為首的朔黨。

面對如此紛爭，曾因烏臺詩案被貶黃州的蘇軾早已心生厭倦，何況他已過知天命之年，見自己既不能容於新黨，又不能見諒於舊黨，便自請外調，待春色盡時便要前往杭州，遠離紛爭。至於朝堂諸事，雖說由太皇太后主政，力圖恢復舊制，但敏銳之人都覺察得到：堂上的少年天子一如其父，鋒芒滿腹。待太后撤簾之日，便是改換朝局之時。

朝堂風雲如暗濤洶湧，宦海浮沉又豈由個人做主？此時間，所有人都不過是在山雨欲來之際偷得片刻喘息而已。而初到東京的垂髫幼女李清照，則在這暴風雨前最深沉寧靜的歲月裡，在父親李格非的庇護下，度過了一段歡欣、自由的青春時光。

如夢令

常記溪亭日暮，沉醉不知歸路。興盡晚回舟，誤入藕花深處。爭渡，爭渡，驚起一灘鷗鷺。

在她的記憶中，這一個吹拂著清風的夏日傍晚，青青道邊有著千畝荷田。此時的李清照已然是個年過豆蔻的少女了，她背著父母尊長，與一群要好的姐妹悄悄出遊。她們在滿湖的荷花裡盪起輕舟，肆意地飲酒作樂，乃至沉沉醉去忘了歸程。

斜陽漸落，湖水也化作了荷花般的嫣紅。待她們矇矓醒來，似乎已忘了身在何處。不過這樣也好，她們可以趁此賽一次划船，較一回高低。於是，湖水被船槳打起了波濤，那荷葉下棲息的鷗鷺驚拍起雪白的翅膀，如揮灑的天真一般，騰飛而去。

在這闋三十三字的小令裡，世人看到的不僅僅是一段純真歡樂的閨閣時光，更是李清照那爛漫灑脫卻也爭強好勝的女兒形象，甚至不難想見，即便是幼年喪母，李清照身上也從未沾有那種閨閣柔弱之氣，她從不自怨自艾，更不會自覺淒涼。

在李清照來到東京城後的兩三年間，她的父親李格非便升任太學博士，轉而右遷校對祕書省黃本書籍。元祐六年（西元一〇九一年）十月，宋哲宗趙煦幸駕太學，李格非奉命撰寫君臣唱和詩的碑文。大約也就是在那幾年間，李

格非出於承繼宗祧、撫育幼女的考慮，迎娶了一位繼室。

說起李格非當年迎娶髮妻王氏之時，正是岳父王珪官聲顯赫之日，先是超授為銀青光祿大夫，後又拜尚書左僕射兼門下侍郎，封郇國公，掌一朝之政。元豐八年（西元一○八五年）初，宋神宗病重，尚書右僕射蔡確等人有心在宋神宗的弟弟雍王趙顥、曹王趙頵中擁立一位為帝。王珪率宰執入

［宋］佚名 蓮池水禽圖

奏，力諫延安郡王趙煦為儲君，由此得授金紫光祿大夫，進封岐國公之爵位，死後追贈太師，諡號文恭。而那時的李格非還只是個八九品的鄆州教授，他便是以此身分被寫入了王珪的神道碑中。及至入京為太學錄，李格非也沒有靠著岳父的聲威換取頭銜，仍舊踏踏實實地做著自己的蠅頭小官。

至於李格非如今續娶的繼室，恰恰也姓王。雖說此王非彼王，但這第二位王氏夫人亦出自世宦門庭，乃是檢校太師、上柱國、太原郡開國公王拱辰的孫女。

儘管世事已過了整整一個甲子，但百姓們仍對王拱辰十九歲狀元及第，得宋仁宗賜名之事津津樂道。王拱辰歷仕三朝，累拜御史中丞、太子少保，蒙宋神宗欽賜金方團帶，封太原郡開國公，宋哲宗繼位後加檢校太師。元豐八年（西元一〇八五年）王拱辰病卒，朝廷追贈開府儀同三司，諡號懿恪。

雖然李格非續娶王氏時王拱辰已逝，但簪纓門第氣象猶存。而王家能夠看中年將半百的李格非並將女兒嫁給他，大約也是欣賞李格非的品行才華。況且王拱辰自宋仁宗慶歷年間起便反對新政，宋神宗時王安石兩度變法，王拱辰則接連上疏，直言勸說保甲法之弊端，令新黨惱恨不已。而今王家選婿，自然會更加偏重身為舊黨的李格非。

先娶岐國公王珪之女，後娶開國公王拱辰之孫，李格非兩番聯姻皆是東京城中的顯赫門第。但是，兩位妻子的家世門楣都沒有為李格非的仕途增添助力，或者說，李格非本就不是為著功名利祿而去結親的。

無論是湮沒無名的髮妻，還是「亦善文」的繼室，都沒有成為李格非炫耀的資本。至於朝堂上的新舊黨爭，李格非

也毫不熱衷。他所能堅持的，就是做一個兢兢業業的祕書省校書郎，做一個摯誠勤懇的士子。

繼母王氏的到來並沒有給李清照增添過多的煩惱，或許李清照能夠盡情地研習詩文辭賦也得益於繼母的教導。畢竟在當時的東京城內，許多貴族門庭都有教導閨閣女子讀詩作文的風氣，就如同教授她們女紅針黹一般，都是將來議婚定親時的本錢。

李清照曾聽說，明道先生程顥、伊川先生程頤的母親侯氏就好讀書史，博知古今，對前代治亂興廢之事頗有見解，「二程」先生常引以為傲。只可惜，夫人不好辭章，亦不喜歡婦人的書劄傳於外人，所以並無詩文篇章留存於世。

曾鞏的弟弟、龍圖閣學士曾布所娶魏夫人也雅好詩書，李清照曾輾轉求得她的詩詞篇章，不僅愛她〈定風波〉詞中「不是無心惜落花，落花無意戀春華」之傷懷，更愛她〈虞美人草行〉詩裡「英雄本學萬人敵，何用屑屑悲紅妝」之豪壯。

李清照曾讀過文正公司馬光所撰《家範》，他說：「古之賢女無不好學，左圖右史，以自儆戒。」但文公正卻又覺得，讀書只是為了讓女子修成德言容功之大德，至於刺繡華巧、管弦歌詩一類的奇技淫巧，便不該學了。

這讓李清照感到困惑，她時常自問，父母大人對自己的詩書教導是否最終也希望她成為曹大家班昭《女誡》中所標

榜的那種「有善莫名，有惡莫辭；忍辱含垢，常若畏懼」的執帚之婦？曹大家身為班彪之女、班固之妹，幼讀史籍，博學高才；上書朝廷，為兄請命；續寫《漢書》，名留青史。想其心智才華、膽魄見識早非尋常女子能比，可為何還是裝扮出一副「戰戰兢兢，常懼絀辱」的樣子？

每每思此，李清照便越發欽佩文忠公歐陽修在〈謝氏詩序〉裡為好友謝伯景之妹謝希孟的打抱不平。文忠公讚嘆此女詩文「隱約深厚，守禮而不自放，有古幽閒淑女之風，非特婦人之能言者也」，更哀嘆她「不幸為女子，莫自章顯於世」。文忠公甚至認為，孔夫子尚能將衛莊姜、許穆夫人的詩篇列入《詩經·國風》，為何當今有識之士不肯向世人推舉謝希孟之詩作，使之散佚不聞？

由此，李清照萌生出一個念頭：她的詩詞文章，就是要寫給世人看的。

儘管在東京城裡李清照也結識了幾位同為官宦千金的密友，儘管她也會同她們春日踏青、夏時采荷、秋夜賞月、冬來吟雪，躲在屏風後面說些閨閣私話，談些女兒心事，但這些都不足以撫慰李清照那不同尋常的性靈。她一心一意地沉浸在自己的天地中，多少內心的隱祕只能交付翰墨書香。在那裡，李清照可以探索更廣闊的世界，可以體味更多樣的人情。或許，對李清照來說，詩詞才是她真正的閨中伴侶。

李清照蠟像之父母教誨

失題

詩情如夜鵲，三繞未能安。

月明星稀的夜晚，東京城內的許多閨閣千金都未能安
歇。她們臨窗而望，對月長籲，十之八九心中所想的都是終
身將歸何處，未來的夫婿又是何等模樣。有的人或許會趁此
焚香禱告，口中喃喃念著的是祈盼父母安康，私心裡暗祝的
還是早成佳偶。

李清照同樣不曾睡去，清朗的夜空令她心境大開，彷彿

有無限的情愫環繞心頭，卻又說不清道不明。於是，她來至庭中，徘徊樹下，想要理清思緒。不料，卻驚起了樹梢上的幾隻烏鵲，拍翅飛起，幾度落下又幾番飛旋。

寂然凝慮的刹那間，李清照已思接千載：她看到了千年之前三國時期曹孟德吟詠〈短歌行〉時的情境，也釐清了自己的心緒。原來，那些纏綿心頭，教她湧動不安的情思竟是自己萬般難耐的詩情，如同那繞樹的夜鵲，久久不能停歇。

轉而，李清照又思及唐詩人孟郊之「夜學曉不休，苦吟鬼神愁」，賈島之「二句三年得，一吟雙淚流」，此刻她終於解得吟詩之苦。

而彼時的李清照並不會想到，千載之後的人們亦會在這樣一個清愁的夜晚，吟念她〈如夢令〉之「知否，知否，應是綠肥紅瘦」，〈醉花陰〉之「莫道不銷魂，簾卷西風，人比黃花瘦」，還有〈鳳凰臺上憶吹簫〉之「新來瘦，非干病酒，不是悲秋」。她也不會想到，自己會成為中國文學史上大名鼎鼎的「李三瘦」。

▌知否，知否，應是綠肥紅瘦

雖然李清照在東京城度過了一段美好的少年時光，但這並不意味著風雨雷霆從未降臨到李家。那一年有竹堂春宴上諸公的隱憂，很快就到來了。

［宋］佚名 梅竹雙鵲圖

　　李清照來至京城的第四載，也就是宋哲宗元祐八年（西元一○九三年）。正月間，一則訃聞從遙遠的嶺南傳至東京城開封府 —— 英州別駕蔡確病逝於新州（今廣東雲浮新興）。

　　蔡確乃是宋神宗元豐年間的新黨魁首，與李格非的岳父王珪同為宰輔。彼時，王珪雖是尚書左僕射兼門下侍郎，為首相，但實際掌權的還是身為尚書右僕射兼中書侍郎的次相蔡確。

　　宋哲宗即位之初，王珪病逝，蔡確曾轉為首相。但因太皇太后主政，舊黨復起，新黨連遭打壓。蔡確更是被一貶再貶，最後至鄧州（今河南鄧州）任知州。

　　元祐四年（西元一○八九年），左諫議大夫梁燾、右諫議大夫范祖禹等舊黨中人因蔡確在安州（今湖北安陸）任上曾作〈車蓋亭詩〉十首，遂以此訕謗，稱蔡確詩中有譏諷朝廷之意，將太皇太后高氏比作謀篡皇權的武則天。於是，蔡確最終被貶為英州別駕，流放嶺南新州。當是時，舊黨眾人大為雀躍，他們將司馬光、范純仁和韓維譽為「三賢」，將蔡確、章惇和韓縝斥為「三奸」，更借著「車蓋亭詩案」的風波對新黨展開打擊。章惇、韓縝、李清臣、張商英等人皆遭貶斥，新黨一派險些傾覆。

　　而今，蔡確死於瘴癘之地，舊黨聞之，無不歡欣鼓舞，卻偏偏有一人為蔡確寫下了輓詩。此人，正是李格非。

　　「丙吉勳勞猶未報，衛公精爽僅能歸」。挽詩中，李格非將蔡確比作漢武帝時的廷尉右監丙吉，後者曾在「巫蠱之禍」中救護了還是皇曾孫的漢宣帝劉詢。李格非更嘆蔡確猶如中唐時期的衛國公李德裕，雖然功勳卓著，卻因黨爭而貶死崖州（今海南海口東南）。

　　由此看來，李格非雖為舊黨，卻十分認可蔡確當年之政績。一首〈挽蔡相確〉詩大有為其鳴不平之意。這看似匪夷所思，其實自有因緣。

　　李格非將蔡確比作丙吉，乃是暗指宋神宗彌留之時蔡確與王珪力諫擁立宋哲宗之事。而身為王珪的女婿，李格非與

蔡確有私交往來當在情理之中。

　　雖然李格非與蘇軾等人交好，被認作舊黨之列，但性格直率耿介的他從未積極參與過所謂的黨爭，甚至對新舊黨爭幾乎沒有任何興趣。宦海仕途，李格非從來是在其位謀其政，只想做個清廉正直的好官；而與人結交，他更是不重虛名，只看彼此是否性情相投。

　　蔡確其人，不拘小節，崇尚氣節。早年在開封府任管幹右廂公事時，他曾抨擊不合理的禮節「庭參」，由此受到宋神宗的褒獎，為王安石所器重。熙寧年間，相州觀察判官陳安民誤判了一樁劫盜殺人案，致使無辜之人枉死。陳安民賄賂了大理寺上下官員，並請時任宰輔的兒女親家吳充幫忙周旋。蔡確察覺後遂將案件移交御史臺重審，嚴懲了陳安民，由此博得王珪的青睞。不難想見，李格非對蔡確的認可，有一部分是志趣相投的緣故，故此才會作詩哀挽。

　　身為性情中人，李格非處世待人的方式看似過於耿直，易遭挫折。但不得不說，在眾多舊黨官員、蘇門弟子中，李格非確實是運氣還算不錯的那一位。而此間種種，都為將來李清照能夠嫁給趙明誠，成為新黨後起領袖趙挺之的兒媳埋下了因果。

　　就在蔡確病死嶺南的那一年，九月間，太皇太后高氏去世，十七歲的宋哲宗終於得以親政。他當即召回那些被貶

在外的新黨官員，起用章惇為相，並下旨於次年改元「紹聖」，以示紹述先帝熙甯、元豐年間的新政之意，將太皇太后高氏臨朝時所廢新法盡皆恢復。

與此同時，宋哲宗也開始清算朝中舊黨。他削除了文正公司馬光的贈諡，一再追貶；他將舊黨要員呂大防、劉摯、蘇軾等紛紛貶往嶺南，縱然大赦天下時也不肯免去眾人罪名。宋哲宗甚至稱太皇太后高氏是老奸擅國，要追廢其宣仁聖烈皇后的諡號。這個被壓制了近十年的少年帝王，滿心仇恨地要報復那些曾經輕慢了他的舊黨老臣，要讓他們永無翻身之日。而在這場朝堂風暴中，身為舊黨成員，李格非的際遇卻變得微妙起來。

宋哲宗紹聖元年（西元一〇九四年），章惇請旨編撰《元祐諸臣章疏》，意在搜集舊黨官員的奏疏，以便更好地羅織罪名，進一步打擊舊黨。而當時章惇所推薦的編撰檢討官，乃是李格非。

若撇開新黨舊黨之論，章惇亦是個豪邁傲物之人。朝堂內事上他力主革新，而對外軍事上更是強硬，對司馬光向西夏割地求和的舉動極為不滿。這恐怕也是章惇痛恨司馬光，恨不能在其死後掘墳開棺的原因之一。

至於章惇和李格非之間，則早有淵源。宋神宗元豐二年（西元一〇七九年）時，蘇軾因「烏臺詩案」被羈留於東

京，御史李定、舒亶等人意欲除之而後快。彼時，朝中眾臣紛紛上書，勸諫宋神宗不要冤枉、誅殺了蘇軾，甚至連新黨之人也為蘇軾辯冤。可時為宰輔的王珪非但不肯援救蘇軾，反出於私憤趁機誣陷，而此時憤然挺身，替蘇軾御前力爭的人正是章惇。

實際上，章惇雖與王珪同為新黨，卻和身為舊黨的蘇軾私交頗深，並未因黨爭而棄人情於不顧，對友人妄加誣陷。此後，新黨領袖王安石以一句「安有聖世而殺才士乎」打動了宋神宗，下獄一百零三日的蘇軾才免於一死，被貶為黃州團練副使。

或許在章惇看來，李格非雖然是王珪之婿，但他並未礙於岳父的情面而疏遠蘇軾，反倒投入蘇軾門下。至於去歲李格非為蔡確題寫挽詩的舉動，恰與章惇當年義救蘇軾之舉如出一轍。這一切，恐怕都令章惇對李格非青眼有加。

只是，如今貴為相國的章惇再不能像當年一樣，可以不顧黨爭之利，為了私情而庇護舊友。至於他召李格非編撰《元祐諸臣章疏》的決定，恐怕正是出於一種夾雜著政治爭鬥與人情博弈的複雜情感。而面對如此紛亂的境況，李格非卻極為爽快地給出了答案 —— 辭而不就。

李格非因「戾執政意」被貶為通判廣信軍（今河北徐水遂城西）的這一年，女兒李清照年方十一。那時，李格非的

幼子李迒或許才剛剛出生。東京城西的李宅，只有弱妻幼女支撐門庭。

然而，這件事尚不值得一家人為之唏噓膽寒，相較於遠放惠州（今廣東惠州）的蘇軾，李格非被貶謫到的地方距離東京城不足千里。而與其他蘇門弟子相比，李格非也不是境況最為淒涼的那一位。

在通判廣信軍的那段日子裡，李格非依然沒有改變他魯直剛正的作風。當地位於宋遼邊境，民風剽悍淳樸，但也容易輕信鬼神邪術。當地有一個老道，因聲稱能夠預言禍福，官員百姓們多信奉其道。一日，李格非撞見老道乘坐馬車招搖過市，大為惱火，遂當即將其捉拿，更戳穿了老道妖言惑眾的把戲，將其杖責一番，攆出了廣信城。

即便被貶外放，李格非也是如此我行我素，不懼旁人非議，不怕再遭貶謫。更令人意外的是，當黃庭堅、晁補之、張耒、秦觀等人陷入不斷遭貶的境地時，李格非卻很快被召回京城，復為祕書省校書郎，轉任著作佐郎。而他所取代的，恰是黃庭堅、晁補之曾經的位置。

紹聖二年（西元一○九五年），章惇命中書舍人兼國史修撰蔡卞查證《神宗實錄》中所記之事，認為其中多有不實之詞，黃庭堅、晁補之等前任著作佐郎遂被召至京城接受盤問，最終都因失實之罪再度被貶。黃庭堅流放黔州（今重慶

彭水），又移戎州（今四川宜賓）；晁補之最終謫監信州（今
江西上饒）鹽酒稅，皆是山高水遠、交通閉塞之地。

至於意外成為著作佐郎的李格非，也並未因此與幾位學
友產生嫌隙，甚至反因此情誼更深。這些沉浮於宦海波濤中
的文人們，無論是剛直敦厚，還是輕佻落拓，都保存著一份
不可更易的風骨，支撐著他們度過那風波不定的時代。

而已然開始讀詩詠史的李清照，也從父親與諸位叔伯尊長
的境遇裡，看到了一種百折不摧、傲然世間的精神。即便她只
是別人口中的小小女子，也發自心底地嚮往著此種高山景行。

如夢令

> 昨夜雨疏風驟，濃睡不消殘酒，試問捲簾人，卻道海棠
> 依舊。知否，知否，應是綠肥紅瘦。

世人皆言李清照的兩闋〈如夢令〉是她名噪京城之作。
當時，東京城豪門中人人樂談的小才女已過及笄之年，她的
父親李格非也已升任禮部員外郎。這兩闋詞或許就是李家特
意流傳出來，只為給李清照博個雅名，好教那些心慕芳儀的
宦門子弟登門求親。

論起這兩闋〈如夢令〉，「常記溪亭日暮」一則寫的是
女子嬉遊之態，而「昨夜雨疏風驟」表達的正是閨閣惜春之
情。書院士子、詩書方家，無不為那「知否，知否，應是綠

肥紅瘦」一句擊節稱賞，只覺得如此清新詞作出自女子之手實屬奇事，卻又似乎正合女子所吟。乃至於到了後世，明朝戲曲理論家沈際飛都在《草堂詩餘正集》裡讚嘆，認為李清照的「知否」二字「疊得可味」，而「綠肥紅瘦」能由婦人想出，實是「大奇」。

　　為此，人們不禁想像，李府深閨中的那位千金小姐該是何等模樣？而在他們的臆想裡，李清照應該是多情且柔情的，還應該有些煩惱心事。否則，她不會夜來賞花，醉飲一場，伴著風雨之聲沉沉睡去。一夜酣眠，殘酒難消，當丫鬟卷起珠簾喚她清醒的時候，李清照牽掛的還是昨日的海棠花是否被風雨所欺。那「綠肥紅瘦」四字曲折委婉，含著無限意蘊，正是閨閣之人愛花惜花、感嘆流年的春情。於是，人們紛紛認定，閨中詞女李清照正盼望著于歸之日。

　　然而，世人或許把李清照看得太過簡單了。

　　誠然，在眾多凡夫俗子眼裡，一個十六七歲的閨中少女所思所想的還能有什麼呢？無非就是「嫁得一心人，白首不相離」罷了。日後相夫教子，贏得個賢婦美名，再博個朝廷封誥，便可算得一生完滿。李清照這一句「綠肥紅瘦」，除了嘆息閨閣光陰，還能是什麼呢？然而，人們想像不到，甚至是不願去想，李清照的這一句「綠肥紅瘦」實則是向前輩詩家發起挑戰。

懶起

百舌喚朝眠，春心動幾般。

枕痕霞黯澹，淚粉玉闌珊。

籠繡香煙歇，屏山燭焰殘。

暖嫌羅襪窄，瘦覺錦衣寬。

昨夜三更雨，今朝一陣寒。

海棠花在否，側臥捲簾看。

［宋］佚名 海棠蛺蝶圖

這是晚唐時期文人韓偓的一首五言詩，李清照之〈如夢令・昨夜雨疏風驟〉乃是從〈懶起〉之末四句化出。韓偓作詩，多豔詞麗句，善寫男女之情，更好描摹女子姿容情態。這種穠麗纖巧的詩風源自南朝宮體詩，只是韓偓將他的目光從宮廷內苑轉移至士大夫生活，更顯狎邪，被稱作「香奩體」。後世詩人每每擬寫閨閣之情，多效仿韓偓詩風，而此種纏綿情愫確實更容易打動女子之心。

但是，身為一個更願意在詩書之中尋找廣闊天地的閨閣女子，李清照對於詩詞的追求早已超越了尋常的脂粉氣息。故而，她摒棄了韓偓〈懶起〉詩中那些傳統閨怨的綺麗嫵媚，只截取了最末四句，改作了一闋曠世之詞。韓偓把「瘦」字留給了一位「淚粉闌珊」、形象刻板的怨婦，而李清照卻把「瘦」字交付與一朵花似人心的雨後海棠。

她只用「綠肥紅瘦」四字，便擊敗了兩百年前的一代詩宗。

實際上，正因為李清照對韓偓詩篇高超的改寫，以至於一闋存疑的詞篇一直被認定為李清照所作。

點絳唇

蹴罷秋千，起來慵整纖纖手。露濃花瘦，薄汗輕衣透。見客入來，襪剗金釵溜。和羞走，倚門回首，卻把青梅嗅。

　　宋元年間的相關詞集裡，這闋〈點絳唇〉一直未出現在李清照名下，有的詩詞文集將它歸於蘇軾名下，有的則歸於周邦彥名下。但更多的人還是願意相信，這闋詞是李清照所寫，其源頭正是韓偓另一首名為〈偶見〉的詩。

偶見

秋千打困解羅裙，指點醍醐索一尊。

見客入來和笑走，手搓梅子映中門。

　　顯而易見，〈點絳唇〉詞中的少女比之韓偓所寫更覺可愛動人，充滿了靈動之氣。縱然是「襪剗金釵溜」的情致也勝過韓偓「解羅裙」的香豔。至於那「露濃花瘦」四字，再一次將花擬人，渾然是李清照舊時口氣，而整篇中所描摹的閨中女子乍見來客的情態，彷彿正是李清照初見登門求親者的情形。

　　可是，這些都是世人對李清照的猜想，人們只以為她是個善寫詞作的思春的小姑娘，還不習慣將她當作一個致力於學的詩書文人。事實上，即便只有十六七歲，李清照也勇於同前輩名家較量，於詩篇中慨然地論古說今。

　　元符三年（西元一一○○年）的正旦朝會日，宋哲宗趙熙並沒有出現在大慶殿上，這令朝中文武都心生憂慮，尤其是章惇等掌權的新黨。去歲八月，宋哲宗最寵愛的賢妃劉氏

為其誕下皇長子，哲宗大喜，遂立劉氏為皇后。豈料小皇子一月而夭，隨後，劉氏所生之女也暴病而亡。巨大的悲痛令自幼便患有咯血宿疾的宋哲宗病情加重，入冬後更是幾番發作寒症，藥石無效。

宋哲宗膝下無子，另立新君必得由太后出面，臨朝聽政。彼時主持後宮的乃是哲宗嫡母，太后向氏，而她同當年的太皇太后高氏一樣，也是個支持舊黨的保守派。一旦哲宗駕崩，朝堂之上恐怕又要改換局面。正當章惇等人惴惴不安、意圖謀劃的時候，宋哲宗卻於正月十二日突然駕崩。故而那一年的東京城元宵燈節，顯得前所未有的清冷淒涼。

當時，向太后以及章惇等重臣都認為應當按照前朝「兄終弟及」的遺制議立新君。只是向太后看中了端王趙佶，而章惇卻要擁立簡王趙似。

細論起來，宋哲宗趙煦兄弟雖多，但大都早殤，當時所在者只有申王趙佖、端王趙佶、莘王趙俁、簡王趙似以及睦王趙偲。章惇認為，依禮律當立哲宗的同母弟趙似。這無疑是將趙煦、趙似兄弟當作了嫡系一脈，引起了向太后的不滿。向太后認為，自己身為嫡母，諸子皆是庶子，立君應以長幼而論。章惇便又進言，若按長幼就該立趙佖。可申王趙佖幼年患病，留下眼疾，身體孱弱，向太后覺得他也不宜為君，因此當立有福壽之相且十分仁孝的趙佶。

　　實際上，向太后的選擇不但合乎法理，更合私情。當時，哲宗趙熙與簡王趙似的生母朱氏還在世。雖然她一直只被尊為皇太妃，可輿蓋、仗衛、冠服等規制悉如太后，若是趙似繼位，朱氏的地位一定會再度被提高。而端王趙佶的生母陳氏在他年幼之時便去世了，趙佶對嫡母向太后向來恭敬孝順，這些都有利於向太后將來臨朝聽政、執掌國事。

　　於是，在同知樞密院曾布等人的擁護下，向太后如願以償地將端王趙佶推上了皇位，是為宋徽宗。

　　宋徽宗繼位後不久，在向太后的主政下，舊黨開始恢復生機。此時的舊黨領軍人物乃是韓忠彥，他是三朝元老、十年宰輔的魏國公韓琦之子。而在韓忠彥被拜為尚書左僕射兼門下侍郎的同時，原來的左相章惇不斷遭到言官彈劾，先是出授越州知府，後又貶為武昌軍節度副使，潭州安置。

　　此時，許多曾遭貶斥的舊黨官員陸續得赦，晁補之又召為著作佐郎，黃庭堅以受部員外郎召用，張耒召為太常少卿，秦觀也覆命為宣德郎，蘇軾則復任朝奉郎。這些與李格非闊別數年的師友們，都陸陸續續踏上了返京的歸程。

　　這一日，李府有竹堂上的雅會賓客們尚未聚齊：秦觀已於返京途中病逝滕州（今廣西梧州滕縣）；黃庭堅不願再為京官，於是辭而不就，遲遲未歸；至於蘇軾，北歸途中因老病駐足於常州，已經上書懇乞於彼終老。

　　儘管如此，這番雅會也並不顯得寥落。多年未見，眾位叔伯眼中的黃毛丫頭李清照已出落得亭亭玉立，文采精華，言辭談吐更是不俗。一番詩文評鑑後，張耒命僕人遞過匣子，取出一張碑文拓本呈給眾人。

　　那是張耒被貶楚地時收得的一張浯溪〈大唐中興頌〉碑的烏金拓本，因紙墨、拓工都極為精良，被張耒視若珍品。他小心收藏，帶回東京，只為與老友們一同賞鑑。

　　唐肅宗上元二年（西元七六一年），時任尚書水部員外郎元結撰寫了一篇〈大唐中興頌〉，記述的是唐肅宗平定安史之亂，中興大唐之功業。十年後，元結因居母喪而隱於永州（今湖南永州）浯溪，見此地山石如壁，清潤細膩，遂邀魯郡公顏真卿書丹，將此頌鑴刻於石崖之上。

　　自此之後，多少文人墨客、遊學士子都盼著一睹碑文，倒不是為了元結之頌，只為顏魯公真力彌滿、古勁蒼雄之書。而此時間，有竹堂上眾人得見碑文拓本，不禁紛紛起身，雙手輕托，傳遞而覽。待賞完了顏魯公的書法，眾人這才評點起元結的頌文，但覺也是平平，不由感嘆這〈大唐中興頌〉得以獨傳天下，實是因為顏魯公之字。

　　說罷，眾人因問張耒，收得如此珍品可有詩文以記。張耒含笑，遂命人研墨展紙，將自己早已寫就的詩篇默寫了出來。

讀中興頌碑

玉環妖血無人掃，漁陽馬厭長安草。

潼關戰骨高於山，萬裡君王蜀中老。

金戈鐵馬從西來，郭公凜凜英雄才。

舉旗為風偃為雨，灑掃九廟無塵埃。

元功高名誰與紀，風雅不繼騷人死。

水部胸中星斗文，太師筆下蛟龍字。

天遣二子傳將來，高山十丈磨蒼崖。

誰持此碑入我室，使我一見昏眸開。

百年廢興增嘆慨，當時數子今安在。

君不見荒涼浯水棄不收，時有遊人打碑賣。

隨著張耒行筆，眾人一面讀著，一面議著，都道他詩文之風仍是注重明理、平易自然，但終顯得有些粗率質直。不過那末一句實在深沉，興亡之嘆，令人淒冷。

眾人正議論紛紛，晁補之偶一扭頭，見李清照侍立一旁，雖默然無聲，卻凝神有思。同為東魯之人，晁補之亦是個性情爽直落拓之人。他與李格非最為投契，彼此相交儼然兄弟一般，對李清照這個侄女一向喜愛。

於是，晁補之問李清照可是有什麼見解。李清照本有些躊躇，不敢擅答，好在父親李格非與眾位叔伯都是豁達明理之人，便都鼓勵她大膽直言。

彼時李清照的心中，恐怕對張耒的詩作是有些不滿的。且不說此詩平鋪直敘，只寫郭子儀平定安史之亂的功業，單是那開篇的「玉環妖血無人掃」一句就令李清照大感不快。

《論語·堯曰》篇云：「萬方有罪，罪在朕躬。」但為何古來帝王失了國，偏要把罪責先推在女人身上？難道當時治國的是女人嗎？若說楊玉環的美豔誤了唐玄宗，可唐玄宗若是個堅毅英明的君主，又如何會因此而誤了國？安史之亂若是楊玉環一人所致，那要天底下那些大丈夫們又何為？李清照不是為楊玉環不忿，她是為自己身為女子而不平。

如此想著，李清照不覺思如泉湧。雖然心底仍舊彷徨不安，可環視堂上眾多叔伯尊長，反倒意氣更盛。於是，李清照提筆揮毫，洋洋灑灑，立成兩首雜言詩以和張耒。

浯溪中興頌詩和張文潛二首

五十年功如電掃，華清花柳咸陽草。
五坊供奉鬥雞兒，酒肉堆中不知老。
胡兵忽自天上來，逆胡亦是奸雄才。
勤政樓前走胡馬，珠翠踏盡香塵埃。
何為出戰輒披靡，傳置荔枝多馬死。
堯功舜德本如天，安用區區紀文字。
著碑銘德真陋哉，乃令神鬼磨山崖。
子儀光弼不自猜，天心悔禍人心開。

夏商有鑑當深戒，簡策汗青今具在。

君不見當時張說最多機，雖生已被姚崇賣。

君不見驚人廢興傳天寶，中興碑上今生草。

不知負國有奸雄，但說成功尊國老。

誰令妃子天上來，虢秦韓國皆天才。

花桑羯鼓玉方響，春風不敢生塵埃。

姓名誰復知安史，健兒猛將安眠死。

去天尺五抱甕峰，峰頭鑿出開元字。

時移勢去真可哀，奸人心醜深如崖。

西蜀萬裡尚能反，南內一閉何時開。

可憐孝德如天大，反使將軍稱好在。

嗚呼，奴輩乃不能道輔國用事張後專，乃能念春薺長安作斤賣。

在李清照看來，唐玄宗五十年開元盛世的功業終究覆滅，那是因為五坊小兒、官宦貴族的奢靡放縱。「一騎紅塵妃子笑」的典故固然荒唐，可楊貴妃及其兄弟姐妹所受恩寵又是從何而來？唐玄宗曾經妄想在華山上造出「開元」二字以標榜自己的功德，轉而便有人為平定了安史之亂而歌功頌德，卻不知煌煌青史自有公論。唐玄宗時，姚崇和張說關係不睦，為爭奪宰相之位彼此排擠；唐肅宗時，張惶後與李輔國專權用事，連高力士這樣的人物也被流放千里，落了個「春薺」之嘆。可惜，此番種種竟不能使後人引以為戒。

李清照蠟像之詩壇綻秀

　　寫罷詩篇，滿座皆驚。且不說李清照的言辭氣魄已超張耒之上，單是對歷史的見解更令許多文人士大夫汗顏。至於篇尾處的典故運用更是借古喻今，直砭當朝，奇氣橫溢。想今日有竹堂上諸位，無不深受黨爭之苦，朝堂內宮的權力傾軋亦讓人唏噓。誰承想，如此有膽魄、有見地的議論，竟出自一個閨中少女，實在是驚人手筆。

　　當李清照的這兩首詩傳入坊間後，才女李清照的聲名便不再拘泥於東京城的閨閣之中。率直的晁補之曾幾度在人前稱讚李清照的才華，誇她是「才力華贍，逼近前輩」。而許

多文人士大夫讀罷了李清照的詩篇，唯餘意外與驚嘆。

人們不禁意識到，才女李清照婉約清雅的身後，也有著與生俱來的慷慨疏宕，就像她「一城山色半城湖」的故鄉，那湖水是女子的柔情細膩，青山是男兒的豪邁雄壯。人們也都堅信，這一切應當源於李家的家學淵源。畢竟，李格非可是那個被認作「筆勢與淇水相頡頏」的人，是那個被後人讚譽為「自太史公之後，一人而已」的人。

然而，對於博學開明的李格非而言，他更願意相信自己的女兒確實在詩書文章上有著過人的天賦以及不同尋常的胸襟見識。李格非對此深感欣慰，卻又止不住絲絲隱憂 —— 在這個容不得女子肆意放縱才情，甚至是指點江山的時代，女兒李清照是否能安然自在地度過一生？而今，何等門庭、何等男兒才能配得上李清照，好讓她盡可能地保住這份超然自我的才華與性情？

李格非多麼希望，愛女李清照的這一場東京夢華，能夠可以再慢一些醒來。

［宋］佚名 明皇幸蜀圖

一剪梅

—— 初嫁了，且说闲愁静好

▌雪裡已知春信至

當李清照才名傳遍京城，多少宦門子弟渴望一睹其芳容的時候，大宋朝的新君 —— 宋徽宗趙佶，也開始了他當朝理政的歲月。

當日，向太后堅持立趙佶為帝時，章惇曾據理力爭，而他對這個即將成為大宋皇帝的人有著一句極為嚴肅的譏貶：「端王輕佻，不可以君天下。」雖然章惇在黨爭中常常挾私報復，算不上一個清明君子，但他畢竟也是一朝宰輔，到底有些識人知人的本領。而章惇對宋徽宗的評價，可謂一針見血。

宋神宗的諸子之中，宋徽宗趙佶是活得最為逍遙自在的那一個。神宗駕崩、哲宗繼位的時候，趙佶還是個三歲孩童。也許，他從一開始就沒有想過自己有朝一日會成為皇帝，而散漫的天性更讓他放棄了治國平天下的責任，只是想做一個與筆墨丹青為伴、以射箭蹴鞠為樂的逍遙王爺。

然而，宋哲宗的突然駕崩改變了這一切，帝王冠冕就這

［宋］趙佶 池塘秋晚圖

樣落在了年僅十八歲的趙佶頭上。他不知道該如何成為一個真正的君王，他所能做的，就是從滿朝文武所說的那些治國策論裡選取一些自己覺得可心的去施行。

在宋徽宗繼位之初，因向太后主政，舊黨復起，新黨遭貶，兩黨遂開始了新一輪的爭鬥。大約是有些朝臣看出了宋徽宗優柔的秉性，為了免遭宦海風波之惡，亦是為了能穩固大宋政局，遂將宋哲宗元祐、紹聖年間的黨爭之弊一一陳述，希望宋徽宗頒布朝政時能夠執中而行，使新舊兩黨消弭私憤與偏見，協力治國。

這樣的想法顯然打動了宋徽宗，甚至連向太后也十分認可。元符三年（西元一一〇〇年）六月，宋徽宗繼位不過半年之時，向太後撤簾還政。宋徽宗則下詔，於次年改元建中靖國，要「本中和而立政」，以求安邦定國。

正是在這樣一段看似平和安寧的短暫時光裡，李清照尋得了于歸之所。

漁家傲

雪裡已知春信至，寒梅點綴瓊枝膩，香臉半開嬌旖旎。
當庭際，玉人浴出新妝洗。

造化可能偏有意，故教明月玲瓏地，共賞金尊沉綠蟻。
莫辭醉，此花不與群花比。

在一個飄雪的冬日裡，小院中的梅花悄悄地綻放了，這
是大地即將回春的消息。那嬌豔的花朵猶如出浴後的美人，
讓人不由生憐。大約是天意造化也偏愛這梅花，故而今夜月
色皎潔如水，灑滿階臺。當此美景良辰，不如共飲一樽。須
知道，此花並非群花可比，難道為她一醉也不值得嗎？

若是以人花互映的文學傳統去看，詞中那枝初綻的雪裡
春梅正是閨中待嫁的李清照。花開嬌妍裡透著青春的美好和
蠢蠢欲動的情思，但更多的仍是李清照那「此花不與群花
比」的自信與清高。而她所期盼的那個可以一同月夜賞花、
共飲金樽的人，也該是一個能解得此花情致的人。

這是李清照眾多詩詞裡難得的一篇歡欣之作。所以，那
一點雪裡春信的感慨似乎就有了別樣的寓意：或許登門求親
的人裡有一個令她可意的人了，或許是李格非已經替她定下
了一樁可心的婚姻。

但是，這都是品詞之人的猜想。身為一個才情超然的女
子，李清照對詩詞創作技法的運用可謂是遊刃有餘，典故的

搬用、藝術的摹寫移轉都只是她填詞作詩中的工具而已。只不過，縱然這闋詞並非李清照為待嫁而作，但詞作裡映照出的仍舊是她與眾不同、傲然獨立的心性。單此一點便足以說明，在婚嫁問題上，李清照必然不是那種任人隨意挑選的女子。至於那個能夠博得李家青眼的少年，也必然要有他的過人之處。

［宋］徐禹功 雪中梅竹圖（局部）

宋徽宗建中靖國元年（西元一一〇一年），十九歲的李清照出嫁了。她的丈夫是吏部侍郎趙挺之之子，時年二十一歲的太學生趙明誠。

時至今日，人們都願意相信這一對璧人的結合有著極其美好的故事：當李清照的「綠肥紅瘦」傳遍京城的時候，許多官宦子弟、少年文士便都按捺不住了，紛紛投帖拜見李格非，只求能娶才女李清照為妻。趙明誠亦是其中一位。

那時節，趙明誠年已弱冠。身為家中季子，他的生活似乎比旁人更顯得無憂無慮。父親趙挺之仕途亨通，兩個哥哥也都出仕為官，成家立業，只有他，還在太學裡忙於學業。

不過，趙明誠畢竟到了談婚論嫁的年紀，趙挺之需要為他張羅一樁門當戶對的婚姻，尋一個稱心如意的佳偶。

一日午後，趙明誠斜倚床榻，小憩一番。他夢到了一本書，文章奇絕，實是生平未見，反覆讀來，滿口餘香。正當趙明誠心中歡喜時，卻驟然夢醒，夢中所讀文章都忘了大半，朦朦朧朧卻只記得三句話：「言與司合，安上已脫，芝芙草拔。」

於是，趙明誠忙將這個奇怪的夢告訴了父親趙挺之。趙挺之望著兒子，不覺呵呵一笑，明白了此中夢兆。這三句話分明是再簡單不過的字謎：「言司」合成一個「詞」字，「安」字脫了帽便是「女」，「芝芙」拔了「草」字頭則是「之夫」，這謎底乃是「詞女之夫」四字。

實際上，沒有人知道，趙明誠是否真的做過這個夢，甚至連這個故事的真假都值得懷疑。大概從李趙兩家結親的那一刻起，東京城裡的許多人就已經暗生疑惑：分屬新舊兩黨的趙挺之和李格非，怎麼能結成兒女親家？與蘇軾勢同水火的趙挺之，又怎麼會選蘇軾門生李格非的女兒做兒媳？

吏部侍郎之子娶禮部員外郎之女，雖然算不得轟動東京的大事，可按照當時東京城內的婚嫁風俗，也是要備下喜帖，錄上兩家三代名諱，寫清楚五服內親眷的田產官職的。

若追溯李趙兩家的淵源，倒也不算複雜。李格非與其父

都出自魏國公韓琦門下，而當時朝中主政的正是舊黨領袖、韓琦之子韓忠彥。李格非的兄長李辟非只做過防禦推官、鳳翔府麟遊縣知縣一類官職。但李格非乃是蘇軾門生，與黃庭堅、晁補之、張耒、秦觀等舊黨人士交誼匪淺，一向也被視作舊黨的重要成員。更不用提他的第一位岳父，李清照嫡親的外公王珪，乃是前朝宰輔。

至於趙挺之，他乃是密州諸城（今山東濰坊諸城）人，與李格非也可算作半個同鄉。其父趙元卿曾在大名（今河北大名東北）做過官，而趙挺之自宋神宗熙寧三年（西元一〇七〇年）得中進士、步入仕途後便堅定不移地參與到變法改革中，是不折不扣的新黨。趙挺之曾是蔡確的追隨者，當初，蔡確因「車蓋亭詩案」被貶新州時，許多新黨都惶恐不安，甚至不惜彈劾蔡確以自保。而身為監察禦史的趙挺之寧可被貶出京，也不願上疏彈劾，此舉倒也讓新舊兩黨中的有識之士都對其有些刮目相看。唯一可嘆的是，趙挺之一直對蘇軾懷有私憤，與蘇軾門生也多有不和。

趙挺之初入仕途時曾任德州（今山東德州）通判，當時王安石正頒布了市易法之新政，趙挺之也希望在德州推行市易法。彼時，黃庭堅恰好監察德州安德縣，他認為市易法雖然可以增加朝廷稅收，防止富豪巨賈壟斷，但也會損耗中小商戶的利益，而德州百姓多貧困，市易法於他們而言，無異

於強征暴斂。

　　此事被蘇軾知道後，在趙挺之回京參加召試館閣之職時便譏諷他是聚斂小人，學行無取，不堪選用。由此，趙挺之對蘇軾心懷怨恨，對黃庭堅等蘇門子弟也是極為厭惡。故而在元祐年間出任監察御史時，趙挺之曾屢次上疏彈劾蘇軾。

　　當初，蘇軾故交呂大防被太皇太后高氏特授為尚書左僕射兼門下侍郎，宋哲宗遂命蘇軾代為草擬了制書。於是，趙挺之上疏稱蘇軾在文中引用了的《詩經·大雅·民勞》篇的「民亦勞止」之語，是借周厲王暴政諷刺先帝宋神宗的革新之策。對此，蘇軾在辯駁的奏章裡毫不客氣地說趙挺之用心險毒，比當初「烏臺詩案」中故意陷害誹謗自己的李定、舒亶等人更無恥。

　　未過多久，趙挺之又彈劾蘇軾，稱其在召試館職時出的策論題目竟然是問王莽、曹操攘奪天下之事，深為忠臣烈士所不齒。同時還指責蘇軾為人輕薄虛誕，同市井裡的俳優戲子並無區別，而蘇軾門下黃庭堅等人也是輕薄無行，卻因為蘇軾的庇護錄為館職。

　　為此，蘇軾呈上了兩千多字的〈辯試館職策問劄子〉，先明說自己的策題都是經過宋哲宗親自過目的，又稱如果因為策論裡提及了王莽、曹操這樣的人就遭受曖昧之謗，那麼從今以後天下臣子都會畏避形跡，以求苟免，而這些都不是

朝廷之福。

實際上，趙挺之和蘇軾的矛盾早已不是新舊兩黨間的政見不同，他們對彼此的厭惡、痛恨都摻雜著意氣之爭。而宋徽宗繼位後，即便蘇軾已經去世了，掌控了朝政的趙挺之依然會打壓其門生黃庭堅，以「幸災謗國」的罪名罷免了黃庭堅，羈管於宜州（今廣西河池宜山），致其客死異鄉。

如此看來，趙挺之與蘇軾可謂是水火難容。而在蘇軾及其門生眼中，趙挺之就是個十足的小人。即便是同為連襟的陳師道，也對趙挺之蔑視至極。

陳師道和趙挺之都是郭概的女婿，但因為厭惡趙挺之為人，陳師道便與其斷絕了往來。建中靖國元年（西元一一○一年）的臘月間，陳師道要去參加朝廷的郊祀祭天。因家中貧寒沒有棉衣，他的妻子只得去趙挺之家借了一件。誰知，陳師道聽說棉衣是趙挺之的，便大罵妻子，將棉衣扔在一旁。最終，陳師道因為沒有避寒的衣服，感染風寒引發疾病而亡。

凡此種種，只讓人覺得，但凡是蘇軾門生都該唾棄、鄙視趙挺之，不但朝政上要與他針鋒相對，私下裡更應撇清關係。可是，李格非為何要冒此大不韙，竟將獨女李清照嫁給了趙挺之的兒子？想當時東京城內，必然是物議沸騰。

誠然，李清照與趙明誠成親的那一年是大宋王朝三番四

復的黨爭風波裡最為平和的一年。至少，當宋徽宗定下建中靖國的年號時，所有陷於黨爭的人多多少少可以喘息片刻，不必為了朝堂爭鬥而心力交瘁。

然而，只有那些心底無知的小兒才會相信，新舊黨爭可以就此作罷。對於位卑官小的人來說，他們固然可以歇一歇，但那些已然謀得高位的人，或是曾經因為黨爭從高位上跌落的人，又豈肯甘心。對於這些渴望濟國安邦的人來說，縱然不為一己榮辱得失，為了家國百姓，難道就不該為朝廷、為君王，選擇出更好的治國策略嗎？

看似風平浪靜的建中靖國元年，實則暗潮湧動。每一個人都在為將來而謀劃，以求風雲再起時能夠盡可能地保住身家性命。趙挺之和李格非大概也不例外。

此時此刻，趙挺之或許更為著急一些。雖說是兩黨不必再爭，但眼前主政朝中的還是舊黨之人。趙挺之眼前的地位固然保住了，可他仍要考慮得更長遠，如能與一個舊黨結成親家，豈非便宜自己？而禮部員外郎李格非當是個不錯的選擇：李格非雖然是蘇軾門生，可眼下蘇東坡病居常州，垂垂老者只想著致仕歸隱，於自己早無妨礙。而當朝宰輔韓忠彥與李格非舊有往來，若是有個風吹草動，想李格非多少要幫襯些。再者，李格非之女李清照乃是名滿京城的才女，與幼子趙明誠年貌相當，若是能將她娶進趙家，也是一件門楣增

光的喜事。

在許多人看來，四品的史部侍郎趙挺之甘願與六品的禮部員外郎李格非結親，不過是這個聚斂貪財、誣陷良臣的小人的權宜之計，是他混跡官場的韜晦之法。否則，為何等他步步高升、執掌朝堂之時，卻不肯相救被貶外放的李格非？李清照又何以寫下「炙手可熱心可寒」的詩句以作諷刺？

但是，人們似乎忘了一件事：生於齊魯大地的李格非本是個性情豪邁之人，重情重義，就算他對黨爭毫無興趣，難道他會不顧念恩師蘇軾與同門黃庭堅等人的情意，只為了女兒的婚事，便以錚錚傲骨屈從於趙挺之的官高位重？

身為蘇軾門生，李格非並沒有太多的詩詞流傳於世，而他也從不刻意寫詞。李格非留與世人的是高雅暢達的理義文章，他在《洛陽名園記》裡便勇於抨擊那些在洛陽修築名園的當朝權貴，難道在選擇兒女親家的事情上，他就風骨盡失，毫無見地？

或許，答案仍舊要從那個可以解得李清照「此花不與群花比」之寓意的少年郎趙明誠的身上去尋。

元符三年（西元一一〇〇年），就在宋徽宗繼位後不久，陳師道曾給好友黃庭堅寫信，敘述了自己被罷職外放六年裡的艱難困苦，更掛念著老友們安康與否。在信的末尾，陳師道提及連襟趙挺之的幼子趙明誠，誇他是個喜好文章義

理的後生，少年時每每見到蘇軾和黃庭堅的詩文都要抄錄收藏起來。大概正是因此，趙明誠不是很得趙挺之的喜愛。

早年間，蘇軾、陳師道、黃庭堅等人有一個忘年之交邢居實，他的母親趙氏乃趙挺之的親妹妹。彼時，邢居實的父親邢恕和趙挺之都依附於蔡確，邢居實因此與父親關係不睦。邢居實二十歲時一病夭亡，黃庭堅痛哭賦詩，悲嘆他「眼看白璧埋黃壤，何況人間父子情」的命運。算起來，邢居實和趙明誠是姑表兄弟，而在陳師道眼裡，這兩個優秀的後生實在是太像了，更稱趙明誠「失好于父，幾如小邢矣」。

雖然陳師道極其瞧不上連襟趙挺之，但身為姨父，他對外甥趙明誠卻充滿了愛憐之情。這並非源自血脈親情，恰是因為趙明誠品行端正、好學篤行，與蘇軾、陳師道等長輩實屬同道中人。

陳師道給黃庭堅寫信之時尚在外貶之地，但不久之後，因韓忠彥主政，蘇軾及其門生紛紛被召回京城。想那時陳師道再見外甥趙明誠，舞勺之子已然弱冠，入錄太學，正是風雅少年。而以李格非、陳師道等人灑脫不羈的性格，縱然他們與趙挺之宿怨已深，也絕不會因父責子、惡其餘胥。相反，他們會更加看重趙明誠守文持正的品性。至於從小便受父親以及蘇門各位叔伯尊長薰陶教導的李清照，怎能不對這個忠厚嚴正的少年郎青眼有加？

　　由此想來，那一闋〈點絳唇·蹴罷秋千〉裡描繪的場景或許真的在李清照和趙明誠的身上發生過。身為陳師道的外甥，又是那樣深愛蘇黃文章、書法的趙明誠可能曾經見過李格非並前往李府拜會。而在那裡，他和李清照就這樣偶然相遇了。

　　或許，趙明誠「詞女之夫」的夢就是假的。他擔心自己渴望迎娶李清照的心境不能得到父母的理解，故而以此向父親趙挺之表明心跡。這場夢，原是一個障眼法。畢竟，在那個婚姻之事須得父母之命、媒妁之言的時代，李清照和趙明誠若要結成良緣，必須由兩方尊長共同議定。而在這個朝堂局勢利好、兒女彼此有情的情境下，希望女兒嫁得良人的李格非和打著韜光養晦小算盤的趙挺之坐到了一起。

　　更何況，李格非和趙挺之的關係也並非方枘圓鑿。至少，在宋哲宗元祐七年（西元一○九二年），前朝宰輔蔡確被貶嶺南、病逝異鄉的那年，在趙挺之不願彈劾自己一心追隨的上官而甘願被貶的時候，在李格非為蔡確寫下不平之意的挽詩的時候，這兩個看似分立兩營的人，終究還是有著一些共通之處。早過知命之年的他們也已明白，雖然人生的許多選擇都難以擺脫感情用事、意氣而為的結果，但他們終究知道自己是什麼樣的人，應該怎樣去做。

　　這一切，似乎都是天意。至於李清照和趙明誠的婚姻，在當時的境況下，亦稱得上是天作之合。

一剪梅

紅藕香殘玉簟秋。輕解羅裳,獨上蘭舟。雲中誰寄錦書來,雁字回時,月滿西樓。

花自飄零水自流。一種相思,兩處閒愁。此情無計可消除,才下眉頭,卻上心頭。

又是一個紅藕凋零、玉簟生寒的秋天。有一女子獨自登上了小舟,飄蕩在荷塘之中。秋天的暮雲裡有大雁的身影飛過,可直等到月上西樓時也未曾收到那遠別的佳人寄來的錦書。花兒已然落了,隨水漂流。明明彼此相思,卻落得兩地分離,空有閒愁。這樣的情思實在難以消除,即便從眉頭上消散,卻止不住地湧上心頭。

有人把這闋詞看作是閨中思婦的憔悴支離,人們都覺得,那個「獨上蘭舟」,等待著丈夫雲中錦書的女子就該是李清照。畢竟,女子出嫁之後最怕的就是空房獨守。李清照詞中所寫的情緒,總是要源自她生活的本真。

［宋］趙佶 柳鴉蘆雁圖

可是，古來的閨怨詞又有多少是女子所作？從溫庭筠到柳永，從馮延巳到歐陽修，這些堂堂男兒、文章大家不也能在詩詞中發出女子般的幽怨哀嘆嗎？難道李清照就不能同他們一樣，因為詩情所悟而寫出閨怨詞作？難道只因為李清照是女子，她就必須過著愁怨的生活，才能寫出哀婉的詞篇？難道那個十七歲便能慨然論史、超越前輩的李清照，就不可以為賦新詞強說愁嗎？後人那些妄圖將她詞作中的哀傷愁怨嵌入其人生經歷的做法，無疑是看輕了李清照。

事實上，當人們因為李清照這些哀傷的詞意而編織出趙明誠成婚不久便負笈遠遊的故事時，李清照與趙明誠卻擁有著許多那個時代的夫妻所不曾擁有的真正的琴瑟和鳴的婚姻生活。

> 侯（趙明誠）年二十一，在太學作學生。趙、李族寒，素貧儉。每朔望謁告出，質衣，取半千錢，步入相國寺，市碑文果實歸，相對展玩咀嚼，自謂葛天氏之民也。
>
> —— 李清照《金石錄後序》

　　成婚的那一年，二十一歲的趙明誠還在東京城的太學裡讀書。他的父親趙挺之曾是國子監的司業，他的岳父李格非更擔任過太學正。雖然李格非早已離開太學，可他的文章風骨一直深受各位博士的敬仰，如今眾人見到趙明誠，自然要另眼相看。

　　雖說太學裡大多是官宦子弟，可一旦入了此門，師尊學業便是最大的。即便家住東京，趙明誠也不得隨意歸家，只能在每月的農曆初一、十五兩天告假回家，探望父母妻子。

　　這兩日，恰好也是大相國寺內開設百姓市集的日子。寺裡寺外，到處都架著彩色的帳幕，設著露天的鋪位。賣草席屏風、弓箭鞍轡的，賣珠花繡品、襆頭花冠的，賣時鮮蜜餞、脯臘香藥的，無所不有。

　　但對於趙明誠而言，其最心愛的還是古玩字畫的鋪面。每逢此時，趙明誠都要先去當鋪裡，用身上的衣物換取五百錢，然後從市集上淘換些碑文石刻。當然，還要捎上一份時鮮果品。待回到家中，趙明誠與李清照便相對而坐，夫妻倆一面吃著時鮮果子，一面賞玩品鑑所購古玩，倍感滿足。他們的生活就如同遠古時代的葛天氏之民一樣，雖然布衣粗食，但卻充滿了自由和快樂。

　　這般情境對於當時的許多夫婦而言，真是一種奢望。儘管沒有漫長的戀愛過程，但李清照和趙明誠卻幸運地擁有了

相對堅實的婚姻基礎 —— 志趣相投。

趙明誠自幼酷愛金石學，少年時便去求教學士名家，訪問前代金石碑刻。十七八歲時，趙明誠已經開始收藏石碑石刻、書畫古玩，縱然花費千金也毫不吝惜。那時節，他讀到文忠公歐陽修編撰的、對歷代金文石刻進行考定解說的《集古錄》，深為敬仰。但同時，趙明誠也發現了書中的一些錯漏之處，且原書並未按照朝代年月來編輯。於是，趙明誠下定決心，要編著一部更為詳實準確的《金石錄》。他不但要考辨前人的紀錄得失，更要親自去搜集查證那些碑刻、拓本的資料。

然而，對於趙明誠來說，無論是早期做太學生還是後來出仕為官，他總要為學業、政務這些繁雜之事所勞形。至於金石研究諸事，幸得有李清照相扶相幫。

若說彼時的女子有詩文才華，其實並不是多麼了不得的事情。東京城內但凡有些門第的人家，都會教導女子讀書作文。但李清照卻與眾不同，儘管她也是憑藉詩詞佳作而名滿京都，可她的學識幾乎與那些讀史讀經、接受正統教育的男兒相差無幾，甚至她的眼界要超出許多平庸之人。

當趙明誠從市井中淘換回一方前代石碑的時候，李清照非但可以與他一同賞鑑碑上的文章、書法，更能夠推斷石碑的朝代年月、所記史實，能夠「以器物碑銘驗證前史」。對

於希望撰寫一部《金石錄》的趙明誠而言，這樣一位妻子，非但是閨中良伴，更是治學益友。想二人當時生活，真是「琴瑟在御，莫不靜好」。

然而，除卻世人所熟知的〈如夢令‧常記溪亭日暮〉、〈漁家傲‧雪裡已知春信至〉，還有那不知究竟是否出自其手的〈點絳唇‧蹴罷秋千〉，李清照留給後人的歡愉詩詞實在是太少了。這不得不令世人浮想聯翩，認為是婚後生活的愁悶減少了才女李清照原本的快樂。

但是，傷春悲秋本就是文學創作中經典且永恆的主題，李清照擅寫愁情並不意味著她的生活也是愁苦的。在古代的正統文學中，過多的歡謔總容易被歸入淫辭。孔夫子曾說：「哀而不傷，樂而不淫。」而現實中的文人們雖然很少叫囂歡鬧，卻常常會呼號傷痛。至於李清照詩詞中的那些憂愁，自有其「別是一家」之蘊意。她的詞，婉約而不流於柔靡，清秀更具逸思，即便是看似濃厚的愁情，卻始終帶著李清照那源自骨血中的傲氣和堅毅，世稱「易安體」。

玉樓春

紅酥肯放瓊苞碎，探著南枝開遍未。不知醞藉幾多香，但見包藏無限意。

道人憔悴春窗底，悶損闌干愁不倚。要來小酌便來休，未必明朝風不起。

　　嬌豔的紅梅如潤玉一般，在向南的枝頭上悄悄綻放，還未開遍。不知它的蕊瓣中醞釀著多少清香，但那心頭一定隱藏著無限的情意。可是那窗邊的人兒卻有些憔悴，滿懷的愁悶教她都不願出來倚欄而立，賞此春景。可人生為何總是要為愁煩所困呢？想飲酒賞梅的話便快些來吧，若是明日春風一起，落紅滿地，豈不太過可惜？

［宋］佚名 紅梅孔雀圖

　　古人常說，物我合一。當人們心中存下了一個或悲或喜的念頭，而後所見之物便都帶著悲喜之色。就像那些話本故事裡寫的一樣，多情的女子必然是多愁善感、柔弱易悲的。當男性的前輩名家用閨怨詩描摹盡天下棄婦思婦的憂傷時，李清照婉約詞的出現便極大地滿足了世人對那些充滿才情的閨中女子的幻想。所以，他們堅定地認為，李清照就是這樣一個婉約哀傷的女子。

　　可是，正當人們感嘆李清照窗底憔悴、愁損情懷的時

候，李清照卻出人意料地灑脫了起來：與其感慨春色，不如對花小酌，人生短暫，自當及時行樂，哪怕明日風雨如磐，也不要錯過今朝。

這就是李清照，即便她知道未來的日子會遭遇風暴，也不會輕易低頭。她的骨子裡，從來都沒有那些所謂的柔靡嬌弱。

建中靖國元年（西元一一○一年）的歲末，宋徽宗前往圜丘祭祀昊天的時候發布詔書，要大赦天下並且於次年改元為崇寧，意在尊崇宋神宗熙寧年間變法國策。朝堂風雲，瞬息巨變，眼看著又是一輪舊黨倒臺、新黨復起的大戲。而這場戲，在九十月間便已顯露苗頭。

當章惇被貶、韓忠彥拜為左相的時候，右相之職便交給了當時力推趙佶繼位的同知樞密院曾布，可曾布卻一直是個徘徊於新舊兩黨陣營的人。

曾布早年受到王安石的器重，輔助其主持實施各種新法。但是他在推行市易法的時候看到了此政策確實存在以重稅剝削百姓的弊端，為此上書諫言，反對市易法。於是，曾布被新黨諸人視作背叛，王安石一怒之下便罷了曾布的官，後又不斷將其貶黜外放。

經此一難，曾布便被列入了舊黨之列。宋哲宗元祐年間，舊黨主政，曾布復官為翰林學士，又升任戶部尚書。然而，曾布也並不完全認同司馬光的執政理念，對舊黨施行的

法令多有微詞。為此，他又遭到了舊黨諸人的打擊。

於是，曾布便在這宦海的起起伏伏間學會了一套翻手為雲覆手為雨的本領，總算保住了官位。如今，曾布雖然尚是右相，但左相韓忠彥是個性格柔懦的人，朝中諸多事務仍由曾布決斷。於是，曾布終於有機會將自己對朝政的想法直呈御前，他最終向宋徽宗提出了「紹述先志」之論，以繼承熙寧、紹聖年間的新法。

崇寧元年（西元一一○二年）五月，韓忠彥被罷相。但曾布並未因此謀得左相之位，他甚至很快就被排擠出了朝堂，而最終成為宋徽宗親信的尚書左僕射兼門下侍郎，正是那個蠱惑昏君乃至亡國的「六賊之首」蔡京。與此同時，舊黨之人再度遭受了朝堂之風刀霜劍，他們被列入「元祐黨籍」，削去官職。宋徽宗甚至親自書寫了他們的姓名，鑿刻成碑，立於宮苑的端禮門外。

端禮門乃是皇帝正殿文德殿的南門，是文武百官上朝時的必經之地，那一方「元祐黨人碑」，分明是宋徽宗給予臣子們的無聲警告。自此時起，不僅李格非與趙挺之的仕途前程有了天淵之別，李趙兩族之人的遭遇，甚至連大宋王朝的命運，都被改變了。

至於李清照，這一陣驟起的風暴，會將她的人生推向何處？

▌甚霎兒晴，霎兒雨，霎兒風

建中靖國元年（西元一一○一年）方才出閣的李清照，與丈夫趙明誠只度過了大半載的靜好光陰。隨著蔡京等人的掌權，新黨一派打擊舊黨、排斥元祐諸臣的手段越發狠毒，朝中風雨如磐。

崇寧元年（西元一一○二年）正月二十八日，李格非曾帶著家中子侄李远、李迥、李逅等人前往孔林（今山東曲阜）拜謁至聖先師，勒石以記。彼時，李格非已升任京東路提點刑獄，官至四品。而京東路的路治青州，正是趙挺之置辦田地產業的遷居之所。

趙李兩家的結親本以為是互有助益，誰承想朝堂風雲變幻莫測，禍患變故來得是那樣快。

五月初，宋徽宗第一次下詔籍錄元祐黨人名冊時，蘇軾、秦觀、黃庭堅、晁補之、張耒等人皆在其列，但卻未見李格非之名。想來，這與李格非一直處於黨爭邊緣地帶不無關係。身為蘇軾門生，李格非與蘇門諸子的交往多在文章學問上，對於新舊變法的政策並沒有太多的言論看法。

然而，這並不能使李格非免於黨爭風波。很快，在七月間重新補錄整理的元祐黨人名冊上，李格非赫然在列。同時補錄進名冊的，還有李格非的第一位岳父，李清照嫡親的外祖父 —— 王珪。

實際上，早在宋哲宗紹聖年間，王珪就曾因人誣告而被追奪了諡號，貶為萬安軍司戶參軍，王珪諸子官籍亦遭削奪。宋徽宗即位後，舊黨復起，朝廷便歸還了王珪的贈諡。如今再將王珪列入元祐黨人名單，追奪所贈，不過是舊事重演罷了。

至於李格非，除了蘇軾門生、王珪女婿的身分外，他自己也曾在紹聖年間因為不肯編撰《元祐諸臣章疏》而遭貶斥，這在新黨眼中無異於一個把柄、一樁罪責。此次名單確定後，時任提點京東刑獄的李格非被罷免了官職，逐出了東京城。

與此同時，朝廷幾番下詔，不但命皇室宗親不得與元祐黨人子孫及其五服內的親眷通婚，即便已經訂了婚約，只要尚未成親也必須改正。至於元祐黨人諸子弟，都不許留住京城，不得踏足開封府的轄地。詔書中特別囑咐吏部，「後來續添王珪、張商英、李格非」等人，都要照此施行。

自此，由宋神宗熙寧年間發端，持續了三十多年的黨爭似乎終於可以蓋棺定論。端禮門外的那一方石碑，宣告了那些反對宋神宗變法革新，在宋哲宗元祐年間極盡手段打擊新黨的人都是大宋朝的奸臣賊子。

而當自己的外祖父被奪去贈諡，父親和舅舅們被罷官削職、逐出京城的時候，李清照的生活又該是什麼模樣？莫非

她真的像自己詞中的那些哀婉的女子一樣，終日愁眉不展，怨恨重重？她，真的會就此墜入深淵？

鷓鴣天

暗淡輕黃體性柔，情疏跡遠只香留。何須淺碧輕紅色，自是花中第一流。

梅定妒，菊應羞，畫闌開處冠中秋。騷人可煞無情思，何事當年不見收。

枝頭上暗淡輕黃的桂花是那樣柔和，它隱隱地散發著幽香，從無濃烈的情愫。雖然它不比那些春日裡淺碧輕紅的各色嬌俏花朵，但其品性自當是花中第一等的。大約正是因此，初春的梅花會嫉恨，晚秋的菊花該自愧不如，唯有開在畫闌旁的桂花才可稱得上名冠中秋。可令人不解的是，當日屈原作《離騷》，寫盡了無數高潔草木，為何偏偏不將桂花收入其中？

如果說，〈漁家傲・雪裡已知春信至〉裡的寒梅是李清照「此花不與群花比」的自喻。那麼這闋〈鷓鴣天〉中的桂花，便是李清照對自家門庭的比擬。

誠然，李家雖是書香門第，但細究起來，無論是李清照的祖父、伯父，還是她的父親李格非，都沒有博得什麼顯耀的官位。然而，李氏家風從來清高，就如同中秋時節情疏跡

遠的桂花，不羨妖嬈，不慕虛榮。在李清照的心裡，父輩們的此等風骨「自是花中第一流」。

也許，李清照並非真的對桂花未能收入《離騷》而心存疑惑，她心中所想的，恐怕正是屈子的「美人香草」之嘆。因為眼前的朝局世事，像極了屈子的時代。但即便面對這樣的朝堂風波，李清照也沒有像曾經的屈子那樣行吟長嘯，她的家風所教，她的品性使然，讓李清照對這一切看得更為豁達通透。

父親李格非從早年出仕起就視高官厚祿為浮雲，宦海沉浮如同有竹堂前的花開花落，都是平常。而從來自信自傲的李清照也絕不會因為父輩們的一時榮辱便哀哀戚戚。她不是那等囿於深閨、柔心弱骨的女子，玉爐沉水的閨閣生活她可以安然享受，風霜凜冽的變故她也能經受得住。更何況，李清照畢竟還是尚書左丞趙挺之的兒媳。

就在李格非的名字被刻入〈元祐黨人碑〉的時候，他的親家翁趙挺之則因為早前依附曾布、支持紹述之論而獲得了晉升之機，被拜為尚書左丞。

雖然曾布罷相後趙挺之與蔡京多有不和，但是二人對於打擊元祐黨人的想法卻是一致的。他們甚至一同上疏宋徽宗，要求罷去宋哲宗第一任皇后孟氏元祐皇后的尊號，賜號希微元通知和妙靜仙師，將其安置在被廢妃嬪出家所居的瑤華宮中。

趙挺之的種種舉動讓人不禁懷疑，是否李格非的罷免也有他的推波助瀾之功？若真是如此，李清照在趙家的境地又該如何？

曾有人認為，因朝廷頒布詔書，不許元祐黨人子弟留住京城，故而李清照在婚後不久便不得不離開東京，回到故鄉濟南以避災禍。

可要知道，在君為臣綱、父為子綱、夫為妻綱的封建時代，出嫁後的女子，其一切榮辱都只與夫家有關。縱然生父李格非被逐出京城，外祖家也遭受牽連，但這都不會影響到李清照身為趙明誠之妻的身分。如果說李清照會因此離開京城，那也只會是她自己不願意面對趙家，不願意面對丈夫。

然而，就算是一貫清高、率真灑脫的李清照，也不至於在初嫁時便如此放肆，不懂規矩，不遵儀禮。退一萬步說，即便李清照真的因為父親李格非遭貶而失歡於公婆，可她最終所依賴的仍是她的丈夫，那個一直深愛蘇黃文章，深得陳師道稱讚，哪怕為此失卻了父親歡心的趙明誠。

行香子

草際鳴蛩，驚落梧桐，正人間天上愁濃。雲階月地，關鎖千重。縱浮槎來，浮槎去，不相逢。

星橋鵲駕，經年才見，想離情別恨難窮。牽牛織女，莫是離中。甚霎兒晴，霎兒雨，霎兒風。

　　草叢裡是鳴叫的寒蛩，驚落了枝頭上的梧桐秋葉，在這七夕之夜，天上人間都是一樣愁懷正濃。遙想雲月之上的天宮，也是重重關鎖。縱然可以乘舟而往，可來來去去，卻又如何能相逢。

　　皎皎銀河上，鵲橋已經搭就，一年才得一次相見，想此種離愁別恨應當是無盡無窮。而今夜深人靜，牛郎織女怕是也要分別，只因此時天氣，一霎兒晴，一霎兒雨，一霎兒風。

［宋］佚名 梧桐庭院圖

　　這一闋寫於七夕的〈行香子〉從來都被當作詞人真實生活的寫照，詞中經年才見的牛郎織女就是被迫分離的趙明誠和李清照。故而有人說，這闋詞寫在宋室南渡後，趙明誠獨

赴建康，李清照暫居池陽的那個秋天。可也有人說，這闋詞就寫在宋徽宗崇寧年間，當元祐黨人被紛紛罷免放逐後。李清照為情勢所迫，不得不一時返回故鄉濟南，一時回到京城夫家，直到元祐黨人之禁徹底解除。

單從表面來看，這的確是一闋恨意難窮的閨怨詞。前輩中人，以七夕為題作詩填詞的眾多，柳永「願天上人間，占得歡娛」之欣喜，蘇軾「相逢一醉是前緣，風雨散、飄然何處」之落拓，秦觀「兩情若是久長時，又豈在朝朝暮暮」之豁然，都是立意新巧。但卻沒有人在相逢苦短、離別恨長的老舊格調上翻出如此濃烈的情緒，可謂「曲折盡人意」；也沒有人能用那「霎兒晴，霎兒雨，霎兒風」的嘆息貼切地寫出朝堂上的風雨無定，若不是因此風雨，伉儷情深的李清照、趙明誠又怎能分別。

可是，就像世人從一開始就容易忽略李清照勇於挑戰前輩名家的膽識一樣，世人總是不由自主地將李清照的詞作和她的生活強扭到一起，不斷地將她的故事編織進哀傷的俗套裡去。但若真的追究起來，如果李清照與趙明誠在婚後曾經於七夕分離，那也一定是因為太學裡沒有批准趙明誠的假期。即便父親李格非因涉元祐黨人事而被貶出京，即便與公爹趙挺之有著含糊的矛盾，李清照都不會輕易離開她的丈夫、她的家。

後二年，（趙明誠）出仕宦，便有飯蔬衣練，窮遐方絕域，盡天下古文奇字之志。日就月將，漸益堆積。丞相（趙挺之）居政府，親舊或在館閣，多有亡詩、逸史，魯壁、汲塚所未見之書，遂盡力傳寫，浸覺有味，不能自己。

　　　　　　　　　　　　　　—— 李清照《金石錄後序》

　　李清照與趙明誠成親的兩年後，也就是崇寧二年（西元一一〇三年），趙明誠出仕為官。而此後數年的光陰裡，夫妻二人的生活一直沉浸在收集經史古籍、金石文物的愜意自得中。

　　儘管那時趙挺之的仕途步步高升，趙明誠也做了官，有了俸祿，生活變得越發優渥。但夫妻二人顯然早已同心一德，立下了哪怕粗茶淡飯、節衣縮食，也要走遍天涯海角、荒遠之地，只求盡可能收藏古文奇字的志向。

　　當時，因為趙挺之在朝中的地位，不少親友在掌管著圖書經籍的館閣內任職，趙明誠和李清照見到了許多罕見的經書史料。因為這些珍稀之物不能收入家藏，夫妻二人便一一抄錄下來，再做整理。這樣的日子讓他們感到趣味無窮，甚至深陷其中，難以自拔。

　　有一年，曾有人手持南唐書畫名家徐熙的〈牡丹圖〉前來拜訪，賣價二十萬錢。縱然此時的趙明誠已是東京城的貴門子弟，卻也拿不出這麼多的錢財。為了能多賞玩一刻，李

清照和趙明誠只得將此人留宿了兩夜，才戀戀不捨地將〈牡丹圖〉交還給他。為此，夫妻二人還對坐嘆息了好幾天。

　　也許，對於十歲時就經歷過父親被貶的李清照來說，對於將功名利祿看作浮雲的李家人來說，李格非此番被罷官離京算不得什麼大事。沒準遠離京城這個是非之地反倒可以讓李格非落得個逍遙自在，潛心文章。東坡先生就曾說過，「人有悲歡離合，月有陰晴圓缺」，倒不如「竹杖芒鞋輕勝馬，一蓑煙雨任平生」。

李清照蠟像之志同道合

　　至於李清照在東京城的生活，並沒有世人所想的那般愁苦怨憤。她與趙明誠志同道合、情投意合的婚姻，足以讓他們成為人人歆羨的神仙眷侶。即便是李清照與公爹趙挺之的關係，似乎也未發展到芥蒂難消的程度。否則，夫婦二人也不會憑藉趙挺之的人脈去尋求更多的經書。而趙挺之和趙明誠父子，儘管他們在對待蘇門諸子的態度上截然不同，可畢竟血濃於水，趙挺之從未因此懈怠過身為人父的責任。趙明誠入太學做太學生，出仕後很快就被授予鴻臚寺少卿的官職，顯然都是得益於趙挺之的庇護。

　　崇寧四年（西元一一○五年）三月，趙挺之拜為尚書右僕射建中書侍郎，與左相蔡京分列朝堂。趙家的門楣，似乎到了最光輝的時刻，但誰能想到，這一切都如夜幕流星，轉瞬即逝。

上趙挺之

　　何況人間父子情

又

　　炙手可熱心可寒

　　李格非的被貶沒有讓李清照的生活陷入無盡的哀愁傷痛，這位自強自立的齊魯女子的身上，總是充滿著一種震撼

人心的力量。但是，如果宋高宗紹興年間的文人張枃為《洛陽名園記》所作之序確鑿可信，那李清照在李格非被貶後曾向公爹趙挺之求情的故事也隱約可猜了。

當李格非被正式列入元祐黨人名冊，被罷去官職，甚至遭到流放的時候，李清照將僅有的希望寄託在了公爹趙挺之身上。只要身在高位的趙挺之可以幫李格非說上幾句好話，或者通融一些關係，那麼或多或少都可以減輕李格非所受到的懲處。

可是，彼時李清照向趙挺之所呈進的言辭，竟是當年黃庭堅哭挽邢居實的詩句：何況人間父子情。

這七個字裡濃縮了李清照渴望搭救父親李格非的深情，也包含了趙挺之、趙明誠父子之間的那一絲微妙的情感矛盾。李清照並沒有因為想救助父親就放棄她李氏一門的尊嚴，更不會低聲下氣地懇求。這七個字裡所蘊藏的，恰恰是她難以消磨的傲氣，在期望打動趙挺之的同時，也能夠讓這位眷念官聲的公爹警醒：這世上，最令人痛心的，莫過於為了浮名虛利而丟卻了骨肉親情。

這種方式顯然發揮了作用，然而李格非的災禍也沒有被免去。雖然史冊未曾記載，但依據李格非的五言詩〈初至象郡〉所記，他在宋徽宗崇寧年間應該被貶到了嶺南。

從李格非的一位同鄉、藏書家董逌曾作〈為李文叔書羅

池碑〉一文，又可知李格非至少在柳州（今廣西柳州）任職過。他的被貶生涯，就如同蘇軾、黃庭堅、秦觀等人一樣，一直羈留於瘴癘之地、蠻荒之所。

在嶺南的日子裡，李格非曾為瘴氣所侵，感染了瘧疾。可按照中原的醫理醫方根本救治不了，他只得求助於當地的巫師，盼著「妙藥只眼前，乞汝保無恙」。

也許是李清照得知了父親李格非所遭遇的境況，也許是她早已看透了朝堂上黨爭的醜惡，故而才在趙挺之成為右相之後，呈獻上了那一句「炙手可熱心可寒」。這辛辣的諷刺中透著深深的悲涼，李清照不僅僅是悲嘆父親李格非的遭遇，恐怕還有對公爹趙挺之乃至整個趙氏家族未來境遇的擔憂。

畢竟，真正讓李清照和趙明誠失去現有安穩的生活，黯然離開東京城的人，正是趙挺之。

若論趙挺之其人，倒真不是那等奸惡之徒。想當時與之同列朝堂的新黨諸人，無論是他曾經依附的蔡確、章惇，還是一同共事的邢恕、曾布，乃至後來與之爭權的蔡京，無一不被列入《宋史·奸臣傳》中，而趙挺之卻最終免於後世罵名。想來，其中定有緣故。

在新舊兩黨此起彼伏的漫長爭鬥中，不可否認的是，所有人或多或少都摻雜了私情。只不過，有些人為了發洩私憤，滿足個人的權勢欲望，恨不能將對方置於死地，其心中

根本不在乎所謂的新法舊法究竟哪個才有益於朝廷。而有些人，則是因為堅定了一種執政理念，為了實現朝堂理想，故此爭鬥不息。

趙挺之大約可以算作後一種。

得中進士的那一年，來自密州諸城（今山東濰坊諸城）的趙挺之已是而立之年。出身齊魯之地的他，也有著與李格非相似的剛直，只是略顯狷急。

趙挺之通判德州時，郡守貪汙了朝廷賜給當地士卒的銀錢，由此引發動亂。士卒們手持木棍，沖入府衙，所有守衛嚇得四散分逃，竟無一人抵禦。誰料，趙挺之卻慨然坐於堂上，呼問士卒究竟為何反叛。得知情由後，趙挺之當即下令打開府庫，將銀錢分發給眾人，但卻以雷厲風行之勢拿下了發起動亂之人，以儆效尤。

至於朝堂政務，趙挺之也是在數十年裡都堅定著自己的觀念：變法革新，富國強兵。從最初力主推行市易法，到指責同僚無端免除稅收，再到彈劾湟州、鄯州官員以虛名冒領朝廷歲費，趙挺之的工作重心一直都放在財政稅務之上。他也一直相信王安石的變法可以改變大宋朝積貧積弱之舊弊，努力地想要實施變法之策。蘇軾嘲諷趙挺之是個聚斂小人，可趙挺之最終所聚斂到的銀錢都是大宋的國庫收入。如果趙挺之真的在實施變法的過程中中飽私囊，他的兒子趙明誠又

何以會為了購買碑刻文玩而典當衣物？李清照又為何會在《金石錄後序》中寫下「趙李族寒，素貧儉」之句？

由此不難想見，趙挺之對司馬光、蘇軾等元祐黨人的嫉恨，可能最根本的原因仍是怨恨他們對變法革新的阻撓。在趙挺之看來，只要能將元祐黨人趕出朝堂，他便可以放開拳腳，實施革新，以繼承荊公王安石的舊志。為此，對於元祐黨人，哪怕是自己的兒女親家李格非，趙挺之都不會有一絲心軟。

只不過，趙挺之沒有想到的是，趕走了元祐黨人，他的治國抱負依然未能實現。那個依靠諂媚奉承而登上左相之位的人 —— 蔡京，才是借著變法革新的幌子，以圖竊弄權威、聚斂私財的真小人。

而真正關乎李清照、趙明誠身家性命的災難，才剛剛開始降臨。

▍莫負東籬菊蕊黃

自幼受到李格非言傳身教的才女李清照，對歷史從來都有著更為獨到的見解。這也就意味著，她對當前朝政有著更敏銳的第六感。李清照曾用「霎兒晴，霎兒雨，霎兒風」來比喻朝廷風波險惡，給公爹趙挺之獻上了一句「炙手可熱心可寒」的箴言，而這一針見血的評論很快就在大宋朝堂上得到了驗證。

在成為尚書右僕射兼中書侍郎後不久，趙挺之便在與蔡京的爭權奪勢中愈發看清了對方鉗制天子、掌控朝政的種種奸惡。他幾次上疏彈劾，但宋徽宗卻不以為意，這位缺乏明斷的皇帝對蔡京的寵信總是多過旁人。

趙挺之雖然急躁，也不是愚魯之輩。為免遭蔡京忌憚，趙挺之只得陳情稱病，於崇寧四年（西元一一〇五年）六月結束了僅有三個月任期的右相之職，以觀文殿大學士、中太一宮使的身分留居京師。

以趙挺之幾經沉浮的宦海經歷，可能並不覺得此番去職是一件值得哀嘆的事。他不僅可以借此機會暫避蔡京的鋒芒，同時，趙挺之在宋徽宗眼裡尚留有一席之地，在朝中也有足夠的聲望。

當日，宋徽宗同意了趙挺之的辭呈時，還特意下詔囑咐他，願意等他重歸朝堂，重新振興朝政。因聽說趙挺之在京城還沒有置辦產業，宋徽宗更將府司巷的一座宅院賜給了他。而趙家的三個兄弟此時都在朝中擔任職務，長子趙存誠任衛尉卿，次子趙思誠任祕書少監，而趙明誠也輕而易舉地被推薦為鴻臚寺少卿。

或許那一年的秋天，倒是趙氏一家人過得相對安適的時候。聽說那一年裡，朝中赫赫有名的書學博士米芾曾登門拜訪趙挺之，看到了他所收藏的蔡襄《進謝禦賜詩卷》真跡，

彼此暢談詩文書畫，好不愜意。

　　對於志在金石的趙明誠、李清照而言，這樣的時光也是難得的安穩自如。趙明誠升了官職，李清照在家中仍以作詩填詞、賞鑑金石、整理書稿為樂。如果說此時非要有什麼小小的煩惱的話，大概就只有子嗣的問題。

　　自李清照嫁入趙府，如今已有四載光陰，可子嗣之事依舊毫無動靜。不孝有三，無後為大。那尋常百姓都盼著添丁生子，壯大門戶，更何況趙家這樣的富貴門庭？

　　而今，趙家兩位兄長都有了孩子，唯有趙明誠，膝下並無一兒半女。趙明誠的侄子滿月時，趙挺之大辦了一場洗兒宴。親友們盡皆來賀，廳堂裡擺滿了各色金銀犀玉的禮物。趙明誠母親郭氏親自「圍盆」，煎了香湯盛在盆中，又放了許多果子、蔥蒜；嫂嫂則用金釵攪水，謂之「攪盆」；親友們都忙著投撒彩錢，稱作「添盆」。

　　那一天，盆中撒了許多東西，故而有好些棗子都是直立著的。幾個婦人都爭相搶食那棗子，以為生男之兆。李清照雖然心中亦有所動，可到底覺得此舉無聊可笑，終究未肯上前。那些婦人見著李清照也並不避諱，一時說該如何保養身子，一時又說何處燒香靈驗，最後總歸會安慰她一句，小夫妻尚且年輕，來日方長。

多麗

　　小樓寒，夜長簾幕低垂。恨蕭蕭、無情風雨，夜來揉損瓊肌。也不似、貴妃醉臉，也不似、孫壽愁眉。韓令偷香，徐娘傅粉，莫將比擬未新奇。細看取、屈平陶令，風韻正相宜。微風起，清芬醞藉，不減酴醾。

　　漸秋闌、雪清玉瘦，向人無限依依。似愁凝、漢皋解佩，似淚灑、紈扇題詩。朗月清風，濃煙暗雨，天教憔悴度芳姿。縱愛惜、不知從此，留得幾多時。人情好，何須更憶，澤畔東籬。

　　秋來清冷，簾幕低垂，小樓之上更覺夜長漫漫。窗外蕭蕭之聲，乃是無情的風雨，一夜間便搓揉了籬畔如瓊玉一般的白菊。此間花容，也不像唐玄宗時貴妃醉酒的婀娜，也不像漢乘氏侯梁冀之妻孫壽那愁眉的妖嬈。想西晉韓壽與賈充之女夜來私會的故事，那梁元帝蕭繹之妃也半面傅粉見君王的典故，到此時，都算不得什麼新奇的比擬。仔細再看，仍舊是屈子的辭賦，陶潛的詩文，才真正配得上此花的風韻。微風乍起，清芬散逸，這香氣也比得上春日荼蘼。

　　秋色已深，這雪清玉瘦的花朵是如此多情，與人依依相伴。那愁情，倒像是漢皋臺下解佩贈珠的神女，又如同灑淚題扇的班婕妤。這一夜，時而朗月清風，時而濃霧淒雨，難道是天意偏教那芳姿憔悴？縱然是有心愛惜，卻也不知道，

究竟能留到幾時。倘若情意相好，縱然花落飄零，又何必再去思念屈子的澤畔餐芳，陶潛的東籬采菊？

［宋］佚名 叢菊圖

這一闋長調的詠菊詞，恐怕是李清照極少有的刻意堆砌典故的詞作了。相較於「此花不與群花比」的梅花，「自是花中第一流」的桂花，似乎李清照對菊花偏愛尤甚，且每每此時，她總要追念起屈原與陶淵明。

或許，李清照將自己的一些品性寄託在了這清瘦的白菊上，故而才想出如此多的典故，寫出如此繁複的詞句，只為了尋找白菊那不同尋常的意蘊。

然而，偏偏是這一闋〈多麗〉，讓人們從「似愁凝、漢

皋解佩，似淚灑、紈扇題詩」的字眼裡捕捉到了一些矯情的氣息，覺得李清照分明是借著典故傳達出夫妻情薄的悲嘆。那「漢皋解佩」恐怕就是暗指趙明誠在外有了豔遇私情，而恩情中斷了的李清照只好做了「紈扇題詩」的班婕妤。人們甚至猜測，夫妻失和的個中情由，大約就是因為李清照未能生養所引起的。

無論什麼時代，生育的壓力永遠是女子背負的巨石，哪怕是才華詩情舉世無雙的李清照。但是，縱然李清照因為未能誕育子女而生出些難以明言的心結，縱然她與趙明誠因此遭遇了一些波折，可她又怎能像那些尋常怨婦，絮絮叨叨，自哀自怨？

年少時作詩評史就敢挑戰前輩、超越前人的李清照，如果在成婚後將她的情感都寄託於閨閣之樂、夫妻之愛，那她又如何經受得起日後夫死家散的變故，又如何面對得了亡國失身的苦難？

我堅信，這闋詞，與李清照的生活並無太多關聯。

格律多變的〈多麗〉詞牌，一向少有人填作，縱然寫時，也避不開頻繁用典，種種描摹。晁補之便填過一闋。他在韓忠彥的府上因見一位歌姬琵琶技藝了得，填詞以記。詞中所用「花暖間關」、「冰凝幽咽」、「昭君遺怨」、「潯陽司馬」的字句，也都是前朝典故。

　　而李清照寫〈多麗〉，不過是一如往昔地填詞作樂、彰顯才華罷了。若非要將那典故附會了去解讀，難道「無情風雨，夜來揉損瓊肌」不可看作朝廷權勢的紛爭傾軋？難道楊妃、孫壽、韓令、徐娘不可視作蔡京一干讒言媚上的奸臣？難道屈平、陶令不能比喻元祐黨人，甚至是趙挺之這樣無奈去職的臣子？

　　在李清照的眼裡，四時花草，日月星辰，還有古往今來的人與事，都是可以寫入筆下的。世人固然可以妄自猜測，但終究，不能抹殺她卓然超凡、不同俗流的才情。

怨王孫

　　湖上風來波浩渺，秋已暮，紅稀香少。水光山色與人親，說不盡，無窮好。

　　蓮子已成荷葉老，清露洗，蘋花汀草。眠沙鷗鷺不回頭，似也恨，人歸早。

　　悠然的湖面上因一陣風過，頓時顯得波光浩渺。暮秋時節，花葉凋零，芳香氣味也稀少了。可看著眼前的水光山色又是那樣親切，真是有說不盡的美好之處。湖中的蓮子已然結成，荷葉也都枯萎老去，清冷的露水打溼了蘋花汀草。沙灘裡眠伏的鷗鷺不願回頭看人一眼，大概是它也害怕賞景的人歸去得太早。

　　同樣是吟詠秋天，這闋詞裡卻透出了比春日裡還令人多情的歡喜。紅稀香少、荷葉已老的景色本該是淒涼的，卻成了李清照眼中最親切美好的存在。她甚至做出多情的聯想，明明是自己不願離去，卻要說是那眠宿沙灘的鷗鷺捨不得自己離開。

　　李清照總是這樣出人意料：她可以在清愁的梅樹下暢然飲酒，也可以在清冷的秋風裡瀟灑流連。即便是真的要傷春悲秋，她也竭盡所能地將自己天性裡的舒暢與明朗注入詩詞當中，為之增添一份未來可期的希望。

　　就在這年的九月，宋徽宗大赦天下，同時允許被貶謫的元祐黨人遷徙至靠近中原的地方任職，只是還不准許他們進入京城。但這對李清照來說，足以讓她歡呼雀躍，忘卻煩憂。

　　而三個月後，也就是崇寧五年（西元一一〇六年）的正月間，一顆彗星拖著長長的尾光劃過了東京城西方的天空。這令宋徽宗大為不安，他遷居偏殿，減損膳食，以為罪己，更命群臣直言上諫，指出朝政得失。未過多久，宋徽宗便接受一些官員的諫言，毀掉了豎立宮門的〈元祐黨人碑〉，解除一切黨人之禁，恢復被貶官員的仕籍，從那以後，元祐黨人再不會因此身分遭到彈糾。

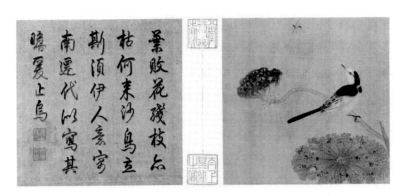

[宋] 佚名 疏荷沙鳥圖

　　雖然李格非並沒有被獲准返回京城，吏部也只是給他派遣了一個監廟的虛職小官，但對於年屆花甲的李格非而言，能夠挈妻攜子回到故鄉安度晚年，可謂是幸之又幸了。

　　而與此同時，一心一意想著歸去的，恐怕還有趙挺之。

　　對此時的趙家來說，雖然趙挺之已辭去右相，只掛著一兩個虛職，但趙府在東京城內的地位和尊榮已達到頂峰。趙挺之如今六十有五，他深知宋徽宗優柔寡斷、溺信偏聽的缺陷，而在與蔡京的交鋒中也早已心有餘而力不足。故而，此時若能退步抽身，留一個清明官聲，是再好不過的事情。況且，趙家的三個兒子都已入朝任職，只要徐徐圖進，這家業門第依舊能保得住。為此，趙挺之幾番上書宋徽宗，懇請放他告老，回到青州舊宅，安度餘生。

　　最初，宋徽宗本是允准了趙挺之的請求的。可因為正月

間東京城內連續出現異象，這讓他那顆毫無主張的帝王心越發惶恐不安，也漸漸開始相信早前趙挺之等人對蔡京援引私黨、變亂法度的彈劾是確有其事。就在趙挺之收拾了行囊，準備離開東京前往青州的時候，宋徽宗的一紙詔書傳至趙府：蔡京被罷，趙挺之特進，任尚書右僕射兼中書侍郎。

禍兮福所倚，福兮禍所伏。第二次出任右相，並沒有給趙挺之帶來任何榮耀和滿足。相反，在他以右相身分執政朝中的時候，宋徽宗既沒有提拔旁人為左相，也沒有進一步升遷趙挺之的意思，彷彿趙挺之的此番復任只是一個過渡而已。至於蔡京，儘管被罷去了左相，卻依然保有開府儀同三司的頭銜，好像只要他隨隨便便地一轉身，就可以重新回到朝堂，拿回他左相的位置，而那時，趙挺之將會徹徹底底成為一枚棄子。

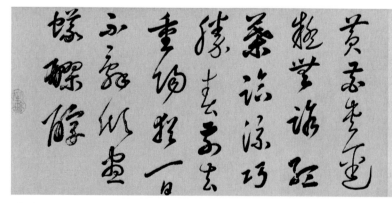

［宋］趙令穰 陶潛賞菊圖

這種隱憂漸漸成了趙挺之內心深處的恐懼，或許直到這一刻，他才真正體會到兒媳李清照那一句「炙手可熱心可寒」的深意。可到如今，趙挺之又怎能輕易歸去，回到故里？

說起故鄉，趙挺之和李格非雖不是出自同一個州府，但到底都是山東人氏。他們還有一個共同的故交，即是藏書家董逌。宋哲宗紹聖年間，趙挺之曾邀請董逌一同賞玩國朝初年時的畫家名手李成所繪的〈丘營圖〉，那畫中描摹的山水正是二人的故鄉青州。董逌為此感慨萬分，認為自己離鄉背井近十載，終於再一次看到了家鄉風物，遂為此畫題跋以作留念。

而今，光陰匆匆，又是十載，趙挺之怕的是再也不能回到故鄉了。

鷓鴣天

寒日蕭蕭上鎖窗，梧桐應恨夜來霜。酒闌更喜團茶苦，夢斷偏宜瑞腦香。

秋已盡，日猶長，仲宣懷遠更淒涼。不如隨分尊前醉，莫負東籬菊蕊黃。

寒風蕭蕭，吹上了鏤刻著連鎖紋飾的窗櫺，窗外的梧桐樹想必要痛恨夜間的冷霜了。此刻，酒意闌珊之餘反倒喜歡起團茶的清苦味道，從渾渾噩噩的夢中醒來，正該嗅一嗅沁人心脾的瑞腦香。又是一個深秋將盡的日子，可為何午後的時光卻顯得如此漫長？想東漢時王粲〈登樓賦〉所抒發的懷鄉情，我更加覺得淒涼。不如學學陶淵明，沉醉酒中以擺脫憂愁，不要辜負東籬盛開的菊花。

人生在世，總要經歷喜怒哀樂，但似乎只有哀愁痛苦能夠激起人們心底裡更多的情緒共鳴。這或許是因為高興歡喜的事情大多相似，而苦難悲傷的源頭卻各不相同。

然而，即便意識到苦難的根源，也沒有人敢叫囂說，自己可以克服苦難。真正的苦難是無法被克服的，就像那朝堂上的生死沉浮，就像這個王朝的家國命運，全然由不得個人做主。所以，想要無懼於苦難，就只能似李清照詞意中所說的這般 —— 超越。

當秋日的蕭瑟、團茶的苦澀，以及遠離故鄉的愁悶被李

清照用杯中酒、籬畔菊悄然化解的時候，想未來縱使有更多的艱難困苦，她都不會懼怕。

宋徽宗大觀元年（西元一一○七年）正月，趙挺之再任右相後的第九個月，蔡京在其黨羽的幫襯遊說下，果然復為左相。也許是徹底的心灰意冷，也許是真的病入膏肓，趙挺之隨即上書宋徽宗懇請告老，而宋徽宗也十分爽快地答應了。

三月初十，趙挺之罷相位，賜觀文殿大學士、佑神觀使官銜，他終於可以老歸故里了。然而，就在去職的第六天，趙挺之溘然長逝。趙家一切榮耀的覆滅，也隨之而來。

趙挺之去世後，宋徽宗曾親臨趙府祭奠。彼時，趙挺之的妻子郭氏哭拜請恩，希望宋徽宗能賜予趙挺之「文正」、「忠獻」一類的諡號。宋徽宗避而不答，待最終傳下旨意時，卻將趙挺之的諡號定為「清憲」，贈司徒一職。

諡號，是君王對臣子一生作為的最後評價。且不說前代，單是從宋神宗時起的歷任宰輔，韓琦諡號「忠獻」，王安石諡號為「文」，司馬光諡號「文正」，呂公著諡號「正獻」，韓忠彥諡號「文定」，甚至連曾入元祐黨人籍的文彥博也被宋徽宗追諡「忠烈」，最終被列為奸臣的蔡確亦有諡號「忠懷」。

而今，宋徽宗賜予趙挺之的諡號，顯然已表明其態度，他果然從來沒有將趙挺之視作自己真正的宰輔。最讓人惱恨

的是，即便是「清憲」的諡號，趙挺之最終也沒能保住。

趙挺之去世後不久，蔡京及其黨羽便開始四處羅織他的罪名。當初，趙挺之決意將家宅產業從老家密州諸城遷往青州之時，恰好蔡京有黨羽是當地的監察官。他們認為趙挺之與其子俚常與富人結交，應有貪弊之嫌。為此，蔡京命人一面審訊留居青州的趙氏族人，一面又命開封府捉拿趙挺之在京城內的所有親眷，下獄徹查。

那應該是趙家最為慘澹的一段日子。想當時，被責拿下獄的趙氏親眷中必有趙挺之的三個兒子，時任集賢殿修撰的趙存誠、祕書少監趙思誠、鴻臚寺少卿趙明誠。而趙挺之的夫人郭氏，不但要操勞趙挺之停柩諸事，更要為搭救趙家滿門而奔走。

至於李清照，她倒像是把這一段日子給忘卻了。縱然將李清照的詩詞文章乃至記述了其大半生際遇的《金石錄後序》揣測遍盡，似乎也找尋不到她關於那一段時光的記憶。

好事近

風定落花深，簾外擁紅堆雪。長記海棠開後，正傷春時節。

酒闌歌罷玉尊空，青缸暗明滅。魂夢不堪幽怨，更一聲啼鴂。

風停了，院子裡已是落花滿徑。看珠簾之外，桃李嬌豔，擁紅堆雪。可為什麼腦海裡常常回憶起的卻是當初海棠花開的日子，都是傷春情緒。酒意闌珊，歌舞已停，空留玉樽在前。青燈火光明滅閃爍，夢中這愁怨實在讓人不堪忍受，更何況那一聲聲鵜鴂鳴叫，呼喚著不如歸。

一旦李清照的詞作裡少了她慣有的豁達樂觀，那強烈的哀婉之感便撲面而來。她也無須用往昔閨怨詩詞中的含蓄隱喻來表達感情，只需要直率坦然地承認心中的幽怨，便可以動人心旌。

身為趙明誠的妻子、趙家的媳婦，此時才當是李清照二十餘載的生命裡真正遭遇的第一個苦難。

公爹趙挺之驟然離世，一生的經營換來的不僅僅是朝堂失意，更是身後屈辱。丈夫趙明誠和他的兩位兄長都被關進了監牢，不知何日才能洗清冤屈，撥雲見日。最可怕的是，李清照自身的存在反而極有可能成為趙家被蔡京利用的一個把柄。

在趙明誠兄弟三人被關押審問的數月裡，蔡京黨羽所查得的結果與他們構想的完全相反：趙挺之的家中用度皆是依靠俸祿，如今只留下了「至微」的剩餘，沒有任何貪弊嫌疑。為此，當這一份案卷被呈進後，中書省和門下省的台諫官員們只能「另闢蹊徑」，聲稱趙挺之早年的官職升遷得到

了元祐老臣、故相劉摯的引薦，故而他在清查元祐黨人的時候曾經包庇過這些奸佞之徒。這，才是趙挺之最大的罪名。

這就是彼時的大宋朝廷，這就是「霎兒晴，霎兒雨，霎兒風」的朝廷爭鬥。想當初，世人紛紛懷疑趙挺之為了謀得高官厚祿而對元祐黨人痛下殺手，甚至連親家公李格非都未曾能得到他的庇佑，被流放嶺南。而今，眾人的口風一轉，趙挺之竟也和元祐黨人同流合汙：他的兒子趙明誠原是蘇軾、黃庭堅的擁護者，他的兒媳李清照乃是李格非的女兒、王珪的外孫女。力主革新的趙挺之，反而成了阻礙紹述的奸臣。想此間種種，定教趙家人欲哭無淚，欲悲無聲。

潔己奉法曰「清」，賞善罰奸曰「憲」。蔡京誣陷趙挺之的罪名，實則就是要剝奪他身故之後僅存的榮耀。

從三月中旬趙挺之去世至七月間案件審結，趙家從東京城裡的顯貴門庭直淪為罪官之家。宋徽宗下詔追奪了趙挺之司徒贈官，仍落職為觀文閣大學士。而趙明誠兄弟三人，在結束了牢獄之災後也被免去官職，准許扶棺歸葬，按制守喪。

大觀元年（西元一一〇七年）的寒冬，東京城府司巷的故趙丞相府的大門重重地合上了。門前停著長長的車隊，前面的車轎裡坐著趙家的內眷，後面則是烏壓壓一連串的箱籠物件。去歲趙挺之打算告老隱退時便已經將許多舊物送回了

青州，不想如今，遺孀、子媳們竟幾乎將這營建不過歲餘的京城宅邸搬空，似有終生不願踏足之意。

　　當然，旁人怎樣想究竟是旁人的事。若問李清照，她的心早已飛向八百裡外的青州城。那裡，是山明水秀的齊魯大地；那裡，臨近著李清照魂牽夢縈的故鄉；那裡，有等待著她和趙明誠一同歸去的歸來堂。

一剪梅—初嫁了，且說閒愁靜好

小重山

—— 歸來堂，十年清夢逍遙

歸來也，著意過今春

從繁花似錦卻也風雨無情的東京城回到了故鄉山東，李清照的心終於可以安定下來。

因是居喪，趙家之人無不粗衣素服、清茶淡飯以度日，甚至連親戚間的往來交遊都能免則免了。趙明誠與李清照夫妻二人更是深居簡出，終日埋頭於詩書文章、金石學問中，再無其他煩惱。

《尚書·禹貢》云：「海岱惟青州。」西望泰山、東眺渤海的青州城是如此的靜謐。雖然這裡的泉脈不及故鄉章丘多，但到底充滿著山水田園之趣。

［宋］佚名 田畯醉歸圖

　　南陽河邊的醴泉井泉清冽，池旁有當年青州百姓為范文正公所立的祠堂，那城西門外更有歐陽文忠公懷念范文正公的題詩刻碑。還有城東南的魁星樓，兩位前輩都曾登臨賦詩，是個「偷得青州一歲閒」的好去處。只是，李清照身為女子不便出門，況且又在服喪之期，只能留待日後，再尋機緣。

　　大觀二年（西元一一〇八年）的陽春三月，李格非托人傳來家書一封。道是上巳節後曾同齊州（今山東濟南）知州梁彥深等人遊覽曆下佛慧山，更在甘露泉秋棠池旁的石壁上題了字。自從賦閒歸鄉，李格非便時常行走於齊州曆下，探訪山水，有心著成一部《曆下水記》，方不負這歸來時光，他亦盼著女兒屏居青州鄉里的生活能夠如願稱心。

　　同是這一年，晁補之也歸居於巨野緡城（今山東菏澤巨野）的故里，還營建了一座小園。那園中的舒嘯亭、臨賦亭、遐觀臺、寄傲庵等堂軒之名，皆取自晉陶淵明〈歸去來兮辭〉，而這小園便也喚作歸去來園。

　　聞知此事，李清照竟興致盎然起來，不覺回憶起當年有竹堂上向眾位叔伯討教詩詞文章的日子，更惦念起晁補之那暢快豪邁的行事做派。於是，李清照便也同趙明誠商量了，將二人書房題作歸來堂，以銘心志。

　　夜來秉燭，夫婦二人再讀〈歸去來兮辭〉。李清照以為，自東坡先生起，與父親交好的這些叔伯老友們無不是風骨傲然，故而一個個都是「倚南窗以寄傲」的君子。至於自己，身為女子，縱然心懷天地，卻也難免被閨閣所困。這些年經歷了榮辱，如今總算在這小小的歸來堂上尋得了安易，倒不如就以「審容膝之易安」自勉，號為易安居士吧。

小重山

　　春到長門春草青。江梅些子破，未開勻。碧雲籠碾玉成塵。留曉夢，驚破一甌春。

　　花影壓重門。疏簾鋪淡月，好黃昏。二年三度負東君。歸來也，著意過今春。

　　春天已經來到門前，春草也早就泛青，倒是枝上梅花才剛剛破蕊，尚未均勻開遍。取出碧雲團茶，一點點碾成玉屑般的碎末。本想著留住早間的痴夢，誰知，卻被這茶盞中春天的味道驚得氣暢神清。一層層的花影遮掩住了一重重的門庭，疏簾之外透進淡淡的月影，真是黃昏夜色的好風景。這些年，三番兩次地辜負了春神。如今，人已歸來，正該用心地去感悟一回春意。

　　自李格非被列入元祐黨人籍，遭貶流放；再到趙挺之官場爭鬥，兩起兩落。這些年裡，儘管李清照總能用她樂天豪爽的本性去撫平心頭的煩憂，但見到春光時難免會覺得暗淡，遇著秋色更易徒生悲涼。

　　而今，父親歸家頤養天年，膝下還有弟弟李迒相伴，想必安適。公爹雖然歿了，但趙家也從此遠離朝堂紛爭，一時安心。尤其是李清照和趙明誠，他們對京城的奢靡生活並無留戀，何不趁此歸來，盡情享受一下這久別重逢的、可以任性任情的春天。

［宋］惠崇 溪山春曉圖

余性偶強記，每飯罷，坐歸來堂烹茶，指堆積書史，言某事在某書、某卷、第幾頁、第幾行，以中否角勝負，為飲茶先後。中即舉杯大笑，至茶傾覆懷中，反不得飲而起。甘心老是鄉矣。

—— 李清照《金石錄後序》

由春而夏，由夏而秋。在青州的日子過得似乎很快，又似乎很漫長。每日飯後，李清照便與趙明誠閒坐於歸來堂上。李清照因命丫鬟碾茶、烹茶，向著趙明誠莞爾而笑，夫妻二人便心有靈犀，心靈相通。

趙明誠指著堆積的書冊，隨口報一典故。李清照略一沉吟，繼而粲然，隨即道出此典故出於書冊中哪一本、哪一卷、哪一頁、哪一行。趙明誠一面聽著，一面趕忙翻出書冊，一一核對，發現李清照所言竟無一點差錯。那邊，烹茶的丫鬟早斟好了一盞茶，笑著交與趙明誠。趙明誠無奈一嘆，只得恭恭敬敬地為李清照捧盞，請她先飲。

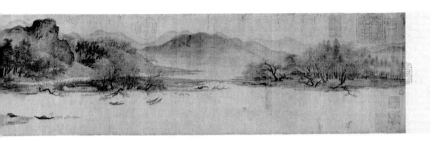

於是，夫妻二人你來我往，贏者品茶，輸者捧盞。只是李清照天生記性好，趙明誠每一問，她皆能答中；而李清照設問時，趙明誠往往答錯。如此戰過數個回合，烹茶的丫鬟終於按捺不住，因問為何總是夫人在飲茶，相公在捧盞？此語一出，夫婦二人不覺四目相對，李清照轉而舉杯大笑，竟將茶盞打翻，潑了個滿懷茶湯。

普天之下，恐怕再難有第二個女子可以似李清照這般博學強記，竟能想出這樣的賭書遊戲，與做過太學生的丈夫一較高下。普天之下，恐怕也難再有第二個男子可以像趙明誠這等豁達隨和，哪怕總是落於下風，為妻捧盞，卻也樂在其中。想此種閨房之樂，真的是千古少有。

自古以來，有才的女子其實並不少有。只是她們之中，極少有人能留下姓名。唐朝時的魚玄機和薛濤不過是出身於平康巷內的歌妓，至於那正經門戶家的千金，縱有才名，最終也只能留下某夫人、某人妻的一個稱呼而已。

　　而在當時，易安居士李清照之名卻是知者甚多。時人每每說起宋哲宗元祐、紹聖年間之事，每每論及東坡先生蘇軾及其門生的詩詞文章，甚至在感慨趙挺之與蔡京之爭時，最後總不忘添上幾句與李清照有關的話，或是讚她才學過人，超於男子；或是惱她不蹈於閨訓，行有僭越。

　　李清照心裡明白，相較於伊川先生程頤之母、上谷郡君夫人侯氏、文肅公曾布之妻、魯國夫人魏氏，自己真的是萬分幸運的那一個：少年時，她的父親李格非不僅沒有拘束她的天性，更對她悉心教導，點撥詩書。她所熟識的諸如晁補之、張耒等眾位前輩叔伯也從未打壓她的天賦，非但鼓勵她創作詩文，甚至在士大夫面前替她揚名。待出嫁後，且不說丈夫趙明誠，便是公爹趙挺之、婆母郭氏以及趙家兄嫂，都未曾對李清照耽於詩詞而有所指摘。

　　李清照也曾聽說，侯氏太夫人生前亦有詩作三十餘篇，可惜最終都被她自己一把火燒盡。即便身為女子，太夫人也堅定地認為女子文章筆劄傳於外人閱覽不是光彩之事。

　　然而，從懵懂少女到如今早過了花信之年，李清照只覺得心底裡的那個念頭越發強烈：為什麼女子的詩文詞作就不可以傳於外人看？是不是有一天，我李清照的詩文詞作也會被某個冬烘先生一把火燒了，只因為他們認為女子不配談詩論文？所作詩文也不該被世人所知？每一次和丈夫趙明誠賭

書潑茶的時候，李清照總是能獲得極大的滿足。她自然要感謝丈夫的理解和支持，但同時，李清照心底裡很清楚，她不是在和趙明誠較勁，她是在和天下的男子較真！

漁家傲

　　天接雲濤連曉霧，星河欲轉千帆舞。彷彿夢魂歸帝所。聞天語，殷勤問我歸何處。

　　我報路長嗟日暮，學詩謾有驚人句。九萬里風鵬正舉。風休住，蓬舟吹取三山去。

　　漫天的雲濤連接著晨間的輕霧，燦爛的銀河漸漸淡去光明，就要消失在夜空中，轉化成那千帆雲朵逐浪飄舞。當此之時，彷彿我的夢魂回到天宮，好似聽見天帝的話語，情意誠懇地問我究竟要歸於何處。

　　我便向天帝剖訴了真心，學問之道漫長而修遠，彷彿時間已不夠用，這些年來，寫詩填詞空有一些驚人的妙句。九萬里長空之上，大鵬鳥正展翅沖天。我只盼望這風不要停下，請載著我直到那蓬萊仙山而去。

［宋］趙伯駒 蓬萊仙館圖

　　歸隱青州的日子給予了李清照更多的創作自由，而多年來的讀書求知為李清照奠定了深厚的文學基礎，至於早前那些或幸福、或坎坷的生平際遇，更讓李清照的詩詞文章之蘊藉極為豐富。她可以作「柳眼眉腮，已覺春心動」的嬌媚，也可以作「載不動、許多愁」的哀怨，更可以作「九萬里風鵬正舉」的慷慨激昂。

　　四百多年前，獨坐宣城敬亭山的詩仙李白也曾「彷彿接天語」，而成都府錦江邊觀大潮的詩聖杜甫則要「語不驚人死不休」。而今，李清照則在一個雲霧朦朧的清晨，在一個看似夢魂迷茫的時刻，打著與天帝對話的幌子捫心自問：一個女子學詩填詞究竟是為了什麼？

很快，她堅定地給出了答案。她要做那「水擊三千里，摶扶搖而上者九萬里」的大鵬鳥，她要追尋所有詩文大家同樣追尋過的理想。

這是李清照的心之所向，儘管路漫漫而修遠，可九死不悔的心性，注定了千百年後，她終會成為天下人眼中的「千古第一才女」。

宋徽宗政和三年（西元一一一三年），曾經的東京才女李清照年滿三十了。在當時的人們看來，女人到了這般年紀，便已是徐娘半老了。不過，在李清照的心裡，年華的逝去、容顏的消退似乎還不值得她關注，她更在意的，仍舊是自己的詩詞文章。

就在李清照三十歲生日的宴席上，她和幾位親友歡聚在歸來堂。一如往日，待宴飲過後，丫鬟們撤去酒菜，擺上了筆墨紙硯，一場詩賦雅集便開始了。

李清照做了幾個鬮，一紙一字，以此限韻。眾人各自拈了，李清照所得的乃是一個「知」字。她不由得心坎一動，那詩句彷彿久別重逢的老友，自然而然地湧上了心頭。

分得知字韻

學語三十年，緘口不求知。

誰遣好奇士，相逢說項斯。

　　識字學文已然三十年了，雖然作詩填詞有些佳作，可我自己卻一直緘口不語，不求為外人所知。可是，我仍舊希望能遇到一個喜歡奇才的名士，就像當年項斯遇見楊敬之那般，終究得到認可和賞識。

　　項斯是晚唐時臺州府樂安（今浙江仙居）人，他早年時結廬山前，讀書吟詩，頗有文采，但因赴考落第，一直默默無聞。直到唐武宗會昌三年（西元八四三年）時，項斯因聽說國子祭酒楊敬之頗能識人，且樂於提攜後輩，便攜詩前往拜謁。楊敬之閱後，果然大加讚賞，稱道：「平生不解藏人善，到處逢人說項斯。」因為楊敬之的舉薦，項斯聲名鵲起，詩達長安，次年便擢進士第，得中功名。

　　如果說，〈漁家傲·天接雲濤連曉霧〉裡「九萬里風鵬正舉」的豪言還只是李清照對自我理想的叩問，那麼到此時，她已然是在公開表達自己對詩學才名的追求。

　　在這樣一場詩文雅集的聚會上，在眾人面前，李清照以退為進，先是謙虛地表達自己並不希望詩篇詞作為人所知。因為她知道，在時人眼裡，女子的文字一旦流傳在外，是注定要惹人非議的。可緊接著，李清照便筆鋒一轉，她並不認為這樣的世俗規矩是正確的，在她看來，只有真正能夠賞識人才的智者，才會領略她的文采。她也期盼著，未來有這樣一個人，能夠為自己女性文人的身分正名。

　　誠然，從李清照少年讀書填詞、名滿京城時起，她的身邊就一直有幾位開明豁達的伯樂。且不說父親李格非不因她是個女子便扼殺其天賦，也不說丈夫趙明誠對她喜好炫耀才華的理解和支持，便是晁補之、張耒這些前輩，在面對晚輩李清照的詩詞作品時，也從未因她是女子而有所指摘。尤其是晁補之，他在很長一段時間裡就是李清照的伯樂，總是願意在士大夫們面前稱讚李清照的才華，為她揚名。

　　只不過，這些似乎還不是李清照最終想要的。若論才學，李清照早已名聲在外，她反反覆覆表達的渴望，心心念念的那個理想，似乎還另有所指。

　　獨江南李氏君臣尚文雅，故有「小樓吹徹玉笙寒」「吹皺一池春水」之詞。語雖甚奇，所謂「亡國之音哀以思」也。

　　始有柳屯田永者，變舊聲作新聲，出《樂章集》，大得聲稱於世；雖協音律，而詞語塵下。

　　又有張子野、宋子京兄弟，沈唐、元絳、晁次膺輩繼出，雖時時有妙語，而破碎何足名家！

　　至晏元獻、歐陽永叔、蘇子瞻，學際天人，作為小歌詞，直如酌蠡水於大海，然皆句讀不葺之詩爾，又往往不協音律。

　　王介甫、曾子固，文章似西漢，若作一小歌詞，則人必絕倒，不可讀也。乃知詞別是一家，知之者少。

　　後晏叔原、賀方回、秦少遊、黃魯直出，始能知之。又

晏苦無鋪敘。賀苦少重典。秦即專主情致，而少故實。譬如貧家美女，雖極妍麗豐逸，而終乏富貴態。黃即尚故實而多疵病，譬如良玉有瑕，價自減半矣。

—— 李清照《詞論》

宋徽宗政和四年（西元一一一四年），六十一歲的張耒辭世。二十多年前，幼女李清照在東京城有竹堂內所見到的前輩尊長們都離去了。那時節，世人彷彿都覺得，大宋王朝最輝煌、最鼎盛的詩文時代就此落幕。卻沒想到，悄坐於青州歸來堂中的李清照，卻將五代以來諸位名家的填詞之技，統統點評了一番。

李清照認為，五代時期，南唐中主李璟、後主李煜以及馮延巳等君臣還算崇尚詩詞風雅，故而能寫出〈浣溪沙〉之「小樓吹徹玉笙寒」、〈謁金門〉之「吹皺一池春水」的句子。只是他們言語雖然新奇，卻有著濃厚的亡國哀音，便也算不得詞中上品。

大宋朝初，柳永開創出詞作的一代新風，有一部《樂章集》傳世，成為人人尊崇的填詞大家。可是，柳永的詞雖然極其合於音律，可言語俚俗，格調不雅。

此後，又有張先、宋祁、宋庠以及沈唐、元絳、晁次等人有了些名氣。他們固然有幾句妙句傳世，也只是隻言片語，沒有真正的名篇好詞，故而也不算真正的名家。

待到晏殊、歐陽修、蘇軾這些人物，都可謂是學問大家。所以填詞於他們不過是小技，就好比拿著葫蘆瓢舀取大海之水。但是，他們的詞作往往更像是斷句不齊整的詩，而且也大多不合於音律。

王安石、曾鞏二位，所寫文章頗有西漢時醇厚典重之風，可如果去填詞，寫出來的必定能笑倒眾人，難以賞讀。由此可知，填詞是文學創作的另一種形態，可惜知道其創作之道的人太少了。

直到晏幾道、賀鑄、秦觀、黃庭堅這些前輩開始填詞，才終於有了些詞的真味。但是，晏幾道的詞不注重鋪敘，賀鑄的詞很少用典故。秦觀的詞太專注於柔情，少了風骨。這就像一個貧寒人家的美麗女子，縱然打扮得極為豔麗動人，可終究缺少那富貴氣質。至於黃庭堅，詞中風骨倒是很足，偏偏有一些小毛病，如同一塊美玉，因為有了瑕疵斑點，那價值便也要減半了。

若說少年時透過〈如夢令‧昨夜雨疏風驟〉、〈浯溪中興頌詩和張文潛二首〉一類詩詞向前人挑戰時，李清照只是因為保有一份初生牛犢不怕虎的膽氣，那麼，而今這篇滔滔《詞論》便是李清照試圖占取文壇話語權的志氣。

在李清照之前，蘇軾、李之儀等諸多前輩也都有一些關於填詞創作的零散評論，而相對完整的評論則是晁補之寫

於宋哲宗元祐年間的《評本朝樂章》。只是，晁補之評價柳永、歐陽修、蘇軾乃至晏殊等人多是褒揚之詞。恐怕他也想不到，十多年後，那個「才力華贍，逼近前輩」的李家小侄女，已然勇於挑剔諸位先生們的詞作了。

李清照想要告訴世人的是，她所填寫的那些絕妙好詞，並非簡簡單單地效仿前人，她對填詞乃至文學創作之道有著自己的理論和見解。李清照尤其不想同這些男性前輩們一樣，一面填著「專注情致」的閨怨詞，一面卻努力拔高詞的地位，想讓它變得和詩一樣莊重。

在李清照的文學理論中，詞，是獨立的文學體裁。她毫不避諱地表示，源於古樂府的詞就如同《詩經》時代的鄭衛之聲，屬於靡靡之音。雖然盛唐以來的詞作大多顯得淫蕩卑俗，但一些頗為文雅的篇章終究在漫漫歷史中流傳了下來，可見其自有獨特的文學魅力。所以，填詞不同於作詩，更不同於做學問、寫文章，世人填詞是不必去攀附雅莊的追求的，不若大大方方地保留詞的婉約柔靡。

這「別是一家」的詞論，是李清照想要表明自己原也是個「別是一家」的文人。而這一段路，李清照看似走得很輕鬆，實則是步步驚心。

當李清照特意指出，秦觀之詞彷彿刻意打扮的貧寒女子，實則缺少富貴之氣時，她真正想表達的，正是對男子作

閨怨詞的揶揄。

當時之人看李清照的詞，其評價的標準實際上都來源於前輩男性們所定下的閨怨詞的創作規範，人們的評論總是脫不開「婦人所難到」一類的詞句。但實際上，李清照強調詞本該「別是一家」，填詞須得保留其婉約情致時，她想證明的，恰恰是自己身為女子所填出的閨怨詞，本就比男子們揣測著女子心思所填成的詞篇更為自然真切，這是屬於她的天然優勢。

在《詞論》的開篇，李清照寫了一個極有趣的故事。

> 樂府聲詩並著，最盛於唐。開元、天寶間，有李八郎者，能歌擅天下。時新及第進士開宴曲江，榜中一名士，先召李，使易服隱姓名，衣冠故敝，精神慘沮，與同之宴所。曰：「表弟願與坐末。」眾皆不顧。既酒行樂作，歌者進，時曹元謙、念奴為冠，歌罷，眾皆諮嗟稱賞。名士忽指李曰：「請表弟歌。」眾皆哂，或有怒者。及轉喉發聲，歌一曲，眾皆泣下。羅拜曰：此李八郎也。
>
> —— 李清照《詞論》

那是大唐開元、天寶年間，有一位名叫李八郎的歌者，其歌聲天下稱絕。一次科考後，那些金榜題名的進士們在曲江舉辦宴席。李八郎穿著舊衣舊帽，跟著一位名士來到席上，一副神情沮喪的樣子。那位名士謊稱此人是自己的表弟，只需坐在末席。故而滿堂之人都毫不在意，各自飲酒賦詩。

［宋］佚名 歌樂圖

　　眾人酒興正盛時，又召來兩位頗有名氣的歌姬曹元謙、念奴唱曲。一時唱罷，眾人無不稱讚嘉賞。那位名士趁機提出讓自己的表弟也唱上一曲。誰承想，話音剛落，笑聲四起，更有人極為惱火，以為那表弟即便是寒酸儒生，也不該自賤身分，行俳優之事。

　　然而，待李八郎舒展歌喉，唱罷一曲，眾人已然聞歌而泣。到此刻，終於有人意識到，此人正是聞名天下的李八郎。

　　李清照就是故事裡的李八郎。她的詞作傳遍天下，人人都道她是個才女。然而，她依然不能光明正大地站到世人眼前去。在眾多男性前輩的文學世界裡，李清照就像李八郎一樣，只能小心翼翼地甘居末席。

　　在那些冠冕君子面前，李清照甚至不敢輕易展示自己的才華，生怕被人嘲笑才藻豈是女子可以賣弄的。但是，她最

終還是發出了自己的聲音。她抓住了機遇，得到了一些有識之士的點撥，只要放聲一歌，足可令所有人震驚。

曉夢

曉夢隨疏鐘，飄然躋雲霞。

因緣安期生，邂逅萼綠華。

秋風正無賴，吹盡玉井花。

共看藕如船，同食棗如瓜。

翩翩坐上客，意妙語亦佳。

嘲辭鬥詭辯，活火分新茶。

雖非助帝功，其樂莫可涯。

人生能如此，何必歸故家。

起來斂衣坐，掩耳厭喧嘩。

心知不可見，念念猶諮嗟。

　　當開闊清亮的晨鐘將李清照帶入夢幻，她飄然地登上了
雲霞之端。在那裡，她遇上了《列仙傳》裡赫赫有名的仙人
安期生，又意外邂逅了仙女萼綠華。秋風太過無情，吹盡了
太華峰頭的玉井蓮花。李清照和仙人們一同觀賞小船那般大
的蓮藕，吃著和西瓜一樣大的棗子。在座嘉賓都是風流瀟
灑，彼此言談，真是意氣盎然，妙語不斷，於戲謔中辯論著
那些怪談，爐火正旺，可以趁此分茶遊戲。這一場宴席歡
聚，並非為了輔佐天帝去完成什麼功業，其中的歡樂卻覺得
無邊無涯。如果一生可以就此度過，又何必要回到舊家。然
而，這一場夢終究是醒了，斂衣而坐時，不覺捂住了耳朵好
驅散眼前的喧嘩。原來那夢境中的一切果然是難以實現的，
只能空餘惋惜嗟嘆。

［宋］佚名 仙女乘鸞圖

　　這看起來是一首記述夢境的詩，但更像是李清照夢想中的世界。她大約是知道自己所期盼的情境在人間很難實現，故而借著一場夢，來表達自己的想法。夢中的仙境聚會便是李清照所渴望的人間雅集，在座之人可以談詩論文，也可以爭執詭辯，但都要拋卻功名的羈絆與世俗的偏見，只做回一個純粹的自在的人。

　　在這構想的夢境裡，李清照列舉了一個大名鼎鼎的仙人安期生，但也推出了一位名不見經傳的仙女——萼綠華。她曾在晉穆帝時降臨至修道人羊權的家裡，贈給他一首詩。但是，世人對萼綠華幾乎一無所知，不知道她的仙山究竟在何處，也不知道她究竟是什麼神仙，只知道她穿著一襲青色素衣。

　　這一首遊仙詩中，萼綠華亦是李清照自己。在神仙滿座的天宮宴席上，她只是個默默無名之輩。她多麼希望能和那些翩翩嘉賓們「共看藕如船，同食棗如瓜」，她想要的，是一個公平公正地展示其才華的舞臺。

　　在那個幾乎所有人都不認為女人可以躋身文壇的時代，李清照始終想要做那桂林之一枝，崑山之片玉。

　　不過，即便懷抱著如此的雄心壯志，李清照也從未將自己裝扮成一個女鬥士的模樣。她有著足夠的智慧，能夠時時告誡自己，夢境與現實終究是有差別的。

　　大宋時期的李清照，幾乎是孤身闖入了一個全由男人做

主的文學世界，縱然她想要爭取到更多的成就，也需要在這個世界既定的法則內，戰戰兢兢，如履薄冰，慢慢地去努力。

小院閒窗春色深

青州歸來堂上賭書潑茶的歡樂是獨屬於李清照與她的丈夫趙明誠的。當李清照用她的詩詞文章與天底下的男性文人比拚才華的時候，她會顯得小心翼翼，但又覺得不甚甘心。或許，只有在趙明誠面前，李清照才可以放心大膽地卸下偽裝，毫無顧忌地展示自己所有的學識和才華。

事實上，當李清照試圖為自己女性文人的身分博取一席之地時，當她試圖抱怨乃至批評男性文人對待女子的不公時，她最先需要面對的人，便是自己的丈夫。好在趙明誠與李清照彼此之間，並沒有因此產生太大的嫌隙。

或許，趙明誠在詩詞才華上遠不及妻子，但他也並非碌碌庸流。歸來堂上的那一方書案，是李清照作詩填詞的地方，更是趙明誠研究金石、著書立說的地方。

> 後屏居鄉里十年，仰取俯拾，衣食有餘。連守兩郡，竭其俸入，以事鉛槧。每獲一書，即同共勘校，整集簽題。得書、畫、彝、鼎，亦摩玩舒卷，指摘疵病，夜盡一燭為率。故能紙箚精緻，字畫完整，冠諸收書家。
>
> —— 李清照《金石錄後序》

因為趙家在青州早已置辦了田地房產，如今歸居，又免去了許多東京城裡豪門貴族間的應酬往來，故而李清照與趙明誠過上了衣食無憂的生活。他們將富餘的錢財統統都拿了出來，甚至後來趙明誠再度出仕時所有的俸祿，全部都用在了書籍的校勘事務上。

那時節，他們每尋獲一本書，都會一同校對，整理成類，題寫書名。如果買到了書畫，或者彝鼎一類的青銅古器，便要反覆賞玩，評鑑出有瑕疵之處。每當此時，二人幾乎是廢寢忘食，故而約定，只要夜來燒盡了一支蠟燭，便必須放下手中珍品，前去歇息。正因為夫婦二人如此用心，所以收得的古籍、字畫都保存得極為完好，是其他藏書家所不及的。

青州城是古齊國所在地，自古以來，許多豐碑巨碣都留存在這裡。數年內，趙明誠便收集到了〈東魏張烈碑〉、〈北齊臨淮王像碑〉、唐李邕撰書的〈大雲寺禪院碑〉等眾多石刻拓本，更有一些出土的古戟、古觚、古爵，也都成了歸來堂上的珍寶。

然而，歸來堂上的書籍字畫、碑石珍玩並非都是旁人送上門來的，有一些需要趙明誠自己到外面走訪、探尋。更何況，他編撰《金石錄》的過程中亦有許多疑難未解之處，那些由別人轉呈的碑刻拓本，若能夠親自去考察驗證，亦是一件快事。

回到青州三年有餘，每每天氣晴好時，趙明誠便會登上

家宅附近的小丘向西眺望，看著天際隱隱可見泰山形影，於是就常想起杜工部〈望嶽〉詩中「會當凌絕頂，一覽眾山小」之句。

泰山乃五嶽之首，自古百姓們便將其視作神山一般。正所謂「泰山安，四海皆安」。從秦始皇起，多少帝王或是遣官祭拜，或是親自告祭。那山巒之上，不知留下了多少碑碣石刻，等待著趙明誠去發現。

從青州至泰山，不足三百里，趙明誠的心思一直被牽繫在那裡。政和元年（西元一一一一年）的初春，趙明誠終於決定前往泰山一遊。李清照便替丈夫收拾了行囊，目送著他向西離去。

浣溪沙

小院閒窗春已深，重簾未卷影沉沉。倚樓無語理瑤琴。

遠岫出山催薄暮，細風吹雨弄輕陰。梨花欲謝恐難禁。

透過房中窗櫺，突然發現小院內的春色已漸漸消逝。一重重簾幕尚未卷起，故而顯得屋裡暗影沉沉。倚靠在繡樓之上，心中多少寂寥無處可訴，只能撫弄著瑤琴。遠處的山上飄出絲絲輕雲，似乎催促著暮色早些來臨。一陣風過，不知為何降下些細雨來，只怕那院中的梨花都要被打落，而這情境真是讓人有些傷懷難耐。

［宋］佚名 梨花鸚鵡圖

世人總是以為，李清照許多帶著淡淡哀愁的詩都是因為
和趙明誠兩地分離而寫。但事實證明，李清照並不需要依靠
這些所謂的離別才能寫出動人心扉的詞句。準確說來，她只
是想借著這些傷感的詞篇，不斷探索自己的創作之路，展現
自己的才情。

事實上，自從回到青州後，趙明誠已然數次離開歸來
堂，前往青州附近的仰天山、長清縣（今山東濟南長清）的
靈岩寺等地尋碑訪石，《金石錄》裡記載的許多碑文都是出

自這一段時間。儘管趙明誠曾數次離家，可每次去的地方都不算太遠，離開的時日也沒有太長，並不足以讓李清照生出過濃的離別傷感。而在趙明誠離開的這段時日裡，歸來堂上的李清照除了閒來填詞，還有更多重要的事情需要去做。

收書既成，歸來堂起書庫，大櫥簿甲乙，置書冊。如要講讀，即請鑰上簿，關出卷帙。或少損汙，必懲責揩完塗改，不復向時之坦夷也。是欲求適意，而反取懊慄。余性不耐，始謀食去重肉，衣去重采，首無明珠、翠羽之飾，室無塗金、刺繡之具。遇書史百家，字不刓缺，本不訛謬者，輒市之，儲作副本。自來家傳《周易》、《左氏傳》，故兩家者流，文字最備。於是幾案羅列，枕席枕藉，意會心謀，目往神授，樂在聲色狗馬之上。

—— 李清照《金石錄後序》

屏居青州的數年間，趙明誠的《金石錄》書稿已完成了一部分，而這些寫成的文字需要審閱校對，那些不斷收集來的書畫古玩也需要修補整理。小小的歸來堂儼然成了書庫，沿牆而立的書櫥上分門別類地放滿了書冊。即便是親信的人來借書講讀，也需要登記簿冊，取鑰匙，檢校無誤後才能送出。若是書籍遭人汙損，必定要責成借書人修補賠償才肯作罷。曾經那個豪爽大方、凡事任性隨心的李清照，為了這些書籍，也不得不成了一個斤斤計較的人，原以為可以安心舒

適的詩書生活，反而因此變得有些令人煩躁起來。

同許多以勤儉持家為傲的女子不同，李清照似乎並不避諱自己不善理家的缺點。早年間積攢下的家財，很快因為夫妻二人不斷地收集書冊古董而消耗殆盡。無可奈何之下，李清照只得又恢復了節衣縮食之法。

起初，李清照削減了飯桌上多餘的肉菜；然後便是不再採買多餘的錦緞衣裳。別家女子都盼著珠翠滿頭，可李清照的髮髻之上卻再沒有了明珠翡翠一類的首飾，屋子裡也不會置辦鍍金刺繡的傢俱器物。

夫妻二人把所有節省下來的錢都用來換取各種書籍，那些版本正確、文字沒有缺漏的書都會收進歸來堂，作為副本保存。至於《周易》、《左傳》這兩部書，因為家傳已久，故而這兩部的版本源流最為齊備，夫妻二人便將這些書羅列於床榻枕席之側。雖然屋子裡總因此顯得亂糟糟的，不成個樣子，但李清照和趙明誠似乎更喜歡這樣的生活，彼此的心意相通，如此的樂趣人生，遠比那些聲色犬馬的庸俗喜好暢意多了。

在李清照和趙明誠歸隱鄉里的那些年裡，歸來堂就是他們的天堂樂土，也是青州的一處詩書雅苑。

政和七年（西元一一一七年）九月初十，歸來堂上迎進了一位客人。他乃是故相劉摯之子劉跂。

　　若說劉跂這個人，倒是也有些風骨，其行為舉止與趙明誠的岳父、李清照的父親李格非有些相像。他元豐初年得中進士，隨後便做了亳州教授，到了元祐年間又任曹州教授。

　　彼時，劉跂之父劉摯已然成為朝中新貴，甚至一度成為宰輔。但劉跂似乎對官場毫無興趣，也從不炫耀自家身分，只做著些寫詩作文、尋舊訪古的事情。

　　然而，黨爭的風波總是難以躲過。幾番沉浮後，劉跂乾脆歸隱東平（今山東泰安東平），斷絕了種種人際往來，故而許多人也並不知道他的身分家世。

　　但是，劉跂對趙明誠似乎一直很關心。若論年紀、輩分，劉跂該算作趙明誠的叔伯。當年，趙挺之出入仕途時就曾得到劉摯的引薦，兩家之間的交好也是由來已久。但劉跂更願意將趙明誠看作忘年之交，尤其是趙明誠撰寫《金石錄》一事，劉跂十分上心。

　　政和三年（西元一一一三年），劉跂曾經前往泰山遊覽訪碑，尋到了秦時宰相李斯所刻碑石，便拓下了下來。在仔細研讀了碑文之後，劉跂發現，若按照太史公司馬遷《史記》中所載，秦相李斯的文章該有一百四十六個字。可事實上，碑上所刻文字字數差失了九個字，顯然是司馬遷記載有誤。

　　為此，劉跂不覺慨嘆。想太史公治學寫史也有差錯，更何況後代諸生？而古今書籍浩瀚如海，若是按照此種情況

推論，只怕錯謬的地方會更多。如果這些書籍所記載的文字一直無人去考察驗證，長此以往，豈不是錯上加錯，貽誤後人？

所以，劉跂深感趙明誠著《金石錄》乃是一件有益於學者治學的事，可謂是一椿大公德。而他拓下的《秦泰山刻石》摹本，也最終被趙明誠收進《金石錄》中。或許，劉跂此番登門就是為了關切《金石錄》的著書進展。雖然書稿只有三十卷，尚未編撰完結，但劉跂已然深感欣慰。趙明誠遂也趁此機會，邀請劉跂為《金石錄》作序。

那一天，趙明誠夫婦和劉跂的相聚一定是極為歡喜的。與此同時，他們大概也都明白，如此逍遙愜意的日子，恐怕是過一日少一日了。

自大觀元年（西元一一〇七年）趙挺之辭世，趙氏一門歸居青州鄉里，李清照和趙明誠也開始了歸來堂上無憂無慮的生活。但是，即便身處江湖之遠，朝堂諸事也不會就此遠離。更何況，趙挺之曾經貴為右相，不過是受小人誣陷，才被奪去死後贈諡。而家中諸子本也是朝中棟梁，難道就要從此默默無聞，成為鄉野之間的凡夫俗子？

至少，趙挺之的夫人郭氏是不甘心的，而趙家的長子趙存誠、次子趙思誠可能也是心向功名的。

宋徽宗大觀四年（西元一一一〇年）春天，趙挺之的三

年喪期已經結束了。恰好此時，朝中的臺臺諫官紛紛彈劾蔡京，列舉其擅改法度、買賣官爵等罪名。蔡京只得辭去了左相之位，以編修《哲宗實錄》為名，離開了朝堂。

但是，許多剛直朝臣對此似乎並不滿意，在繼任的尚書左僕射兼門下侍郎何執中的支持下，太學生陳朝老上疏追究蔡京的十四大罪狀，稱其「瀆上帝，罔君父，結奧援，輕爵祿，廣費用，變法度，妄製作，喜導諛」等，懇請宋徽宗將蔡京貶黜流放。

堂上一呼，階下百諾。一時間，朝中諸臣紛紛附議。未過數月，彗星又在奎宿、婁宿之間出現。於是，御史張克公再舉蔡京十數件「不軌不忠」之事，而宋徽宗迫於壓力，只得將蔡京貶為太子太保，遷往杭州居住。

聞聽蔡京被貶，避居青州的趙家人自然看到了希望。頗有丈夫氣概的郭氏決意上疏朝廷，請求恢復趙挺之的贈官。於是，在政和元年（西元一一一一年）的五月間，趙挺之被除去觀文殿大學士之職，特贈太師。而郭氏也得到了一等國夫人 —— 秦國夫人的封誥。

趙挺之的官爵一旦恢復，趙家諸子的仕途便再度開啟。政和二年（西元一一一二年）時，趙明誠的長兄趙存誠被任命為祕書少監，品階雖然比他當初的衛尉卿要小許多，但終究比做個無名小輩要好多了。

　　對於兄長的再度出仕，趙明誠自然沒有任何資格說些什麼。儘管他自己更喜歡眼前的日子，但也深知母親和兄長的決定關乎著趙家的家業和未來。然而，當郭氏和趙存誠收拾了行裝、備好了車馬，打算帶著所有人重返東京城的時候，趙明誠和李清照還是選擇了留在青州，留在他們的歸來堂。

　　實際上，或許正是因為母親、兄嫂的離開，才越發暴露了李清照不善理家的短板。但這些並不會影響李清照和趙明誠的心境，在青州最後的那幾年，夫婦二人只不過是重新回到了初成婚時那種清貧卻自得的生活狀態。縱然偶爾有些清冷寥落，甚至會讓人覺得愁煩，但比起東京城內的喧鬧奢靡，李清照還是更願意與青州的山水田園做伴。

念奴嬌・春情

　　蕭條庭院，又斜風細雨，重門須閉。寵柳嬌花寒食近，種種惱人天氣。險韻詩成，扶頭酒醒，別是閒滋味。征鴻過盡，萬千心事難寄。

　　樓上幾日春寒，簾垂四面，玉闌干慵倚。被冷香消新夢覺，不許愁人不起。清露晨流，新桐初引，多少遊春意。日高煙斂，更看今日晴未。

　　蕭條冷落的庭院裡，偏又吹起一陣陣的斜風細雨，重重院門已然緊閉。春日的嫩柳嬌花都在不斷生長著，可這寒食

時節的天氣，實在是令人惱恨。剛剛寫就了一首奇險韻律的詩篇，也從沉醉的酒意中清醒，便忽然生出一股閒散無味的情緒。北歸的大雁紛紛飛過，可心中的萬千心事卻無從寄託。

連日來閨閣之中春寒料峭，垂下四面的簾幕，在玉欄杆邊慵懶地憑倚。錦被已經清冷，爐中熏香也都燃盡，一覺醒來，仍舊愁煩無限，教人不得不起身。清晨的露水尚在草葉上流淌，梧桐樹上新生出一片嫩葉，似乎提醒著該是遊春的時候了。看日頭升起，晨霧散去，不知道今日是不是天氣晴朗。

寒食清明，似乎永遠是一個憂喜參半的時節。若是遇著那斜風細雨的天氣，暮春的清寒便會陡然加重，讓人的心裡也冷了下來。加之思念先人之情，心中的煩惱自然愈發得多。於是，賦詩飲酒都成了閒愁滋味。然而，一旦春寒散去，春風和煦，眼前的一切都會變得美好起來，連心思也蠢蠢欲動，想著踏春，想著遊玩，盼著能有一個好的天氣。

這儼然又是李清照的口氣，縱然有著淡淡的愁煩，最終還是要化為歡欣。如果非要用李清照的詩詞去串聯她的人生軌跡，縱然不能窮盡每一首詩、每一闋詞的創作年月，但世人終會發現，從少女時代的無拘無束，渾然不識愁滋味；到青春長成，初嫁之時平添了些女兒心的閒愁；再到經歷波

124

折，於生活中沉澱下詩書人生，李清照一直保有著她本真的模樣。她始終是那個帶著一段女性天然的婉轉柔和，但又胸懷坦夷的李易安。

但直到此時，李清照的世界仍舊局限在她的閨閣之中。無論是東京城內的有竹堂，還是青州鄉里的歸來堂，都僅僅是一個可以「審容膝之易安」的小屋而已。縱然李清照在父親李格非、公爹趙挺之的經歷中感受到了朝堂爭鬥的詭譎與醜陋，但這些還不足以震撼她的心扉。

縱覽古來詩詞文章之大家，幾乎無一人不是飽受苦難的。當初在面對至親之人所經受的苦難時，李清照尚可以用「不如隨分尊前醉，莫負東籬菊蕊黃」「歸來也，著意過今春」的詞句自我勉勵，從而實現了精神的超越。但是，屬於李清照這個時代的苦難還未真正來臨。而待到那時，李清照的詩詞世界，將會展現出另一番更深沉、更遼闊的天地。

就在李清照和趙明誠屏居青州的十多年間，大宋王朝已然踏上了窮途末路。

早在建中靖國元年（西元一一○一年）時，宋徽宗的翰林畫院裡便收入一幅精絕長卷——《清明上河圖》。那圖上所繪的，正是大宋東京城內的繁華清明：市坊之間，商鋪林立，車水馬龍；虹橋之下，貨船雲集，縴號聲聲；郊野之外，村落儼然，遊人如織。

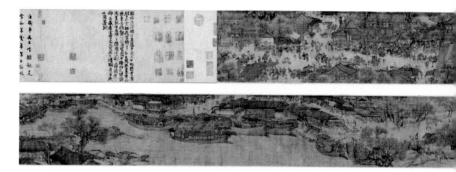

［宋］張擇端 清明上河圖

但是，在這盛世圖景之中，亦有驚馬侵市、官員爭道、軍力懈怠、城防渙散的不和諧景象。只可惜，這些自然都被宋徽宗刻意忽略了，他心裡所想要的，只是個清明王朝的幻影。

雖然宋徽宗趙佶也曾迫於朝臣諫官的壓力，幾次貶斥了蔡京，但每一次他都會想盡辦法，用最快的速度將蔡京召回身邊。而深得皇帝信賴的蔡京，也一直打著「紹述」的旗號，以變法改革為名，實則處處排斥異己。他收受賄賂、賣官鬻爵之事更被百姓們編成了歌謠：「三千索，直祕閣；五百貫，擢通判。」表面上清平盛和的大宋王朝，骨子裡卻已經支離破碎。

自宋仁宗慶曆新政時起，朝廷因為改革變法引發黨爭，待到宋哲宗元祐年間的黨爭大爆發，再到宋徽宗初年的「元祐黨人碑」事件，似乎大宋王朝一直為黨爭所累，歷代君臣

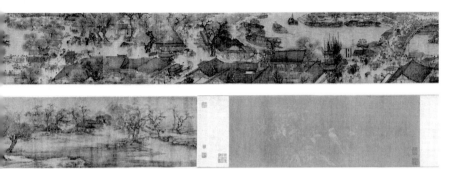

都困苦不堪。但實際上，在新舊兩黨數十年的爭鬥中，已足以讓至高無上的皇權掌控者以及聰明的人們總結出一個規律：那些所謂的舊黨人士，似乎都是恪守道德禮儀規範的君子，但同時也是執政能力低下的腐儒。而新黨之人，則個個都是精打細算的好手，對於如何收斂銀錢、充盈府庫，有著各種奇思妙想。所以，儘管新舊兩黨爭執不休，可皇帝並不缺錢花，百姓們的日子倒也過得十分太平，這讓坐享前人之功的宋徽宗似乎有了一個可以放鬆懈怠的理由。更何況，他本就是一個貪圖聲色之人。而蔡京正是拿捏住了宋徽宗的本性，處處逢迎諂媚。他以「豐亨豫大」之說慫恿宋徽宗沉迷享樂，鑄九鼎，建明堂，修方澤，立道觀，將國庫錢糧幾乎揮霍一空。

東京城地處中原，平皋千里，並無崇山峻嶺，更乏洪流巨浸。這讓滿懷風雅的宋徽宗多少有些遺憾，他認為帝王就

應該像神靈一樣，住在一片有著山水形勝的地方。

為此，蔡京便勸說宋徽宗在東京宮城的東北上營建艮岳壽山，要使苑內岡連阜屬，溪水旁鑱，囊括天下之美，藏納古今之勝。樓閣殿宇之間，奇花美木，珍禽異獸，無所不有。

宋徽宗本是個有著極高藝術造詣的君王，他將艮岳的修建視作生平大事，為此，他於蘇州設置應奉局，專門負責在東南江浙一帶搜羅奇花異木、嶙峋美石、珍禽異獸。應奉局管領朱勔等人便以此為由，在民間大肆搶奪，致使民怨沸騰。

為了將這些奇花異石運送至東京，宋徽宗更建立起一支專門的運輸船隊，自大運河運至東京。這支船隊通常十船一組，稱作一「綱」，故而得名「花石綱」。

為了保證「花石綱」的運輸，漕運諸事都被擱置一旁，而蔡京及其黨羽更趁此時機巧立名目，增稅加賦，搜刮民財。百姓們苦於繁重賦稅的盤剝，無數人流離失所。

［宋］趙佶 祥龍石圖

宣和元年（西元一一一九年），宋江聚眾三十六人在梁山泊（今山東濟寧梁山北）起義，很快便發展為一支頗具規

模的農民起義軍。而在南方，正因為蘇州應奉局的搶奪壓榨，在盛產竹木漆的睦州青溪縣（今浙江淳安）一帶強行搜刮，漆園主方臘遂於宣和二年（西元一一二〇年）以討伐朱動為名，率眾起義，聚眾數萬，從者如雲，攻城奪池，威震東南。

這一切，對於沉浸在東京夢華中的宋徽宗而言，已是不折不扣的蕭牆之禍。但是，與內憂往往攜伴而行的，還有外患。

自宋真宗景德元年（西元一〇〇四年）秋天，宋與遼設立澶淵之盟後，宋、遼和西夏形成三朝鼎立之勢。而宋、遼兩國，更是百餘年間幾乎再無刀兵之爭。但也正是如此的和平歲月，使得大宋朝忘戰去兵、武備皆廢，而雄踞塞北的遼國也懈怠了戒備，使得偏居東北的金國不斷壯大。

宋徽宗政和元年（西元一一一一年），童貫被封為檢校太尉出使遼國，遼人馬植夜間前來拜謁，獻上了宋金聯合共同滅遼之計。於是，童貫返京後立即上書宋徽宗，勸說宋徽宗派使者與金國結盟，一旦滅遼，便可以奪回自五代後晉時起割讓出去的燕雲十六州，宋徽宗更會因為完成了歷代先帝們未盡的功業而載入史冊，成為一位真正的聖君。

此後，大宋朝廷一面忙著鎮壓國中的農民起義，一面透過海陸與金國互派使節往來，並最終於宣和二年（西元

一一二○年）定下了盟約：宋金合力攻遼，滅遼之後，金取遼中京大定府（今內蒙古赤峰甯城），宋取遼南京析津府（今北京西南）。而後，宋朝原先上交給遼國的歲幣轉納於金國，金國則將歸還燕雲十六州。

　從宋、金兩國約定「海上之盟」的那一刻起，天下格局於悄然間分崩離析，一輪輪的王朝喪鐘已開始敲響。天才少年王希孟於政和三年（西元一一一三年）繪成的那一幅《千里江山圖》，終究成了宋徽宗君臣父子們的一個幻夢。而在這巨大的歷史浪潮之下，無一人可以安然地置身事外，更何況趙明誠、李清照這樣的仕宦之家？

　宋徽宗宣和三年（西元一一二一年），伴隨著趙明誠的再度出仕，李清照青州歸來堂上的逍遙時光，便也徹底終結了。

［宋］王希孟 千里江山圖

小重山─歸來堂，十年清夢逍遙

鳳凰臺上憶吹簫

—— 別家鄉，空嘆人生淒涼

▌新來瘦，非干病酒，不是悲秋

自趙挺之逝世後，李清照與趙明誠歸居青州，二人在歸來堂上整整度過了十四年的相守時光。他們一起搜集金石字畫，一起評鑑賞析，將這些所得統統都記述在了一部《金石錄》裡。那時節，李清照可以盡情地施展自己的才華，填詞作詩，賭書潑茶，滿是閒情逸致。

也許，李清照也曾效仿那些話本故事裡的有情人，讓趙明誠為自己繪成一幅丹青寫真，並題字在上。趙明誠描畫了半日，一時想讓李清照撚一朵蘭花以示其閨閣高潔，一時又想改作紅梅，取其不與群花比的芳姿，可李清照卻都不同意。她走到庭院，自東籬畔摘取了一朵初綻的清菊，偏要趙明誠也將幽幽菊香繪入畫裡。

然而，這一切的美好很快都成了夢中畫影。

鳳凰臺上憶吹簫

香冷金猊，被翻紅浪，起來慵自梳頭。任寶奩塵滿，日上簾鉤。生怕離懷別苦，多少事、欲說還休。新來瘦，非干病酒，不是悲秋。

休休，這回去也，千萬遍〈陽關〉，也則難留。念武陵人遠，煙鎖秦樓。惟有樓前流水，應念我、終日凝眸。凝眸處，從今又添，一段新愁。

金猊樣式的銅爐裡，熏香的煙火已經冷透。床上的錦被堆疊，猶如翻卷波浪。晨起之時，心情慵懶，都不願仔細地梳起髮髻。任憑妝臺之上灑滿灰塵，那些首飾也無心插戴了。日頭已經照上簾鉤，時間過得這樣快，讓人越發地害怕那離別的痛哭，有多少心事，欲說還休。這些時日人漸消瘦，不是因為貪杯過度，也不是因為悲秋之情。

罷了，罷了，此一番離去，只怕是唱上千萬遍〈陽關〉曲，也再難挽留。就好比那武陵源中的仙境一般遙遠，煙霧更籠罩起這閨閣空樓。只有那樓前的潺潺流水，能夠看得見我每日裡凝望的雙眸。從今日起，那凝眸之處，將有我一段思念與哀愁。

自長兄趙存誠政和二年（西元一一一二年）時復起為祕書少監，至今已有九年時光了。這九年裡，李清照與趙明誠在青州歸來堂度過了人生中最快意的時光。他們從不嚮往玉馬金堂的官宦生涯，但時移世易，縱然趙明誠不願出仕，可此間的朝廷急需用人，而起復像他們這樣在朝廷裡擔任過官職的世宦子弟，是最方便不過的事。

為此，趙明誠的再次出仕似乎顯得有些匆忙，又或者說，這讓習慣了閒適生活的他和李清照都有些心神慌亂，不知未來該作何安排——若是逕自離去，這守護了十餘年的青州家園該如何料理？歸來堂滿屋珍寶又該如何安置？若是留

守此間，那便注定要夫妻長久分離。

不知為何，彷彿就是從那一段年月起，李清照真正的哀愁漸漸多了起來。她往日閒愁詞作中一直透露出的樂觀心境，似乎也漸漸少了，乃至全然不見。但是，一如李清照所言，這「新來瘦」的原因，「非干病酒，不是悲秋」，除卻對趙明誠的思念，恐怕還有對這個家國世道的擔憂。

在趙明誠二度出仕，任萊州（今山東萊州）知府的這年初春，他早已入朝為中書舍人的二哥趙思誠上書議論添差兵馬督監一事。

兵馬督監是宋朝軍職，為行軍出征之一軍或方面副帥，州府上的兵馬都監則是地方上的軍事主官，而添差者是那些在差遣人員名額外增添的虛銜，只拿俸祿，並不任事。宋朝自開國以來，監押大州的兵馬督監不過三人，可到如今，一個州府裡的兵馬督監名額有六七人之多，且大都不務正業，憑空浪費人力。趙思誠雖然對此有些擔憂，可他並不敢直言上諫，只是借著相關事務婉轉地向朝廷請求裁決。

而事實上，在一樁小小的添差兵馬督監事件背後，是整個朝廷官員冗增的沉重。宋徽宗宣和年間，朝廷的官員總數已有四萬六千多人，是宋仁宗時期的三倍多，致使戶部根本無力支出官員俸祿。而與此同時，宋徽宗的肆意揮霍卻依然有增無減。

但是，這些事情都未能引起當政者的警覺。那時節，宋徽宗一心一意想著的，是滅遼國、收復燕雲十六州的大業。

當時，礙於遼國阻隔其間，宋朝與金國的使臣往來一直是走水路，而登州（今山東蓬萊）便是迎來送往之地。趙明誠赴任的萊州，則與登州相毗鄰，亦屬臨海之城，在當時的地位可謂重要。當成為萊州知府的趙明誠站立於萊州城頭，北望海疆、南眺中原之時，恐怕也會禁不住想起一百八十多年前的那段歷史。

一百八十多年前，當後晉開國之君石敬瑭在契丹的幫助下，滅後唐取而代之時，千百年來，一直被視作華夏正統的中原王朝竟向他國稱臣。石敬瑭為免起兵端，只得認契丹為主國，接受了「大晉皇帝」的冊封，向耶律德光，也就是後來的遼太宗自稱兒皇帝。也是從那時起，燕雲十六州的大好河山便拱手讓於契丹遼國。

失去了燕雲十六州，中原便失去了最天然的屏障。自後周世宗顯德年間起，至大宋朝太祖、太宗皇帝，幾度出兵，只為收復燕雲十六州，卻又都一次次地鎩羽而歸。待到宋真宗景德元年（西元一〇〇四年），皇帝御駕親征，在澶州城下與遼國約定「澶淵之盟」。雖然自此宋遼兩國罷兵休戰，百姓們生活安定，可燕雲十六州依然在遼人手裡。

收復燕雲十六州，這是數代大宋朝君臣子民們百餘年間

裡最奢望的一場夢。沒承想，如今這場夢竟在倏忽間來到了眼前，彷彿可以伸手即得。無論是高坐皇位的宋徽宗，還是盼著建功立業的臣子們，彷彿有許多人都對即將到來的這一場戰爭充滿了希望。

但是，大宋朝的百姓們似乎還未感覺到同樣的歡喜，他們關注的仍舊是眼前的苛捐雜稅，三餐溫飽。至於趙明誠和李清照，身為飽讀詩書的文人士子，當他們悠閒的清夢被阻斷時，一種無可名狀的憂愁便漸漸濃厚起來。

然而，那朝堂上的軍國大事依然與他們無關。趙明誠只能在萊州按部就班地當著知州，李清照則在青州歸來堂上整理家中的珍藏，想著如何在中秋佳節到來前，可以趕到萊州與丈夫團聚。

〔宋〕趙伯駒 仙山樓閣圖

蝶戀花·晚止昌樂館寄姊妹

淚溼羅衣脂粉滿，四疊陽關，唱到千千遍。人道山長山又斷，蕭蕭微雨聞孤館。

惜別傷離方寸亂，忘了臨行，酒盞深和淺。好把音書憑過雁，東萊不似蓬萊遠。

與姐妹們分手時，淚水洇溼了脂粉，打溼了衣衫。彼此唱著四疊的〈陽關曲〉，唱了一遍又一遍，卻終究要作別。離開的故土，漫漫道路被山嶽隔斷，當此微雨的夜晚，只能寄宿在淒冷的驛站孤館。離別時被那愁煩情緒攪得方寸皆亂，竟忘了餞行的酒盞中斟了多少酒，彼此又飲了多少回。只記得一次次地彼此囑咐，多多靠鴻雁來傳遞書信，畢竟東萊也不似蓬萊仙山那樣遙遠。

赴任萊州後不久，打點好州衙諸多事務後，趙明誠便將李清照從青州接來，而李清照一同帶往萊州的，恐怕還有她精挑細選的，夫妻二人日常所珍愛的書畫古籍。

自青州至萊州，不過三百餘里的路程，實在算不得太過遙遠。但是，對李清照而言，竟有些將這番離別看作從此關山再難見。送別李清照的姊妹，可能是趙氏族中的家眷，也可能是她在青州結識的閨閣友人。畢竟，在青州的這十數年的時光，是李清照迄今為止的生命裡最快樂的日子。那裡的人與事，都給予了她最難捨的情感。

　　也許，李清照心裡早有著一些隱憂。她知道，趙明誠一旦再度出仕，二人的生活恐怕再難回到往昔：趙明誠若是仕途平坦，縱然可以一生無災無難，卻也逃不過案牘勞形；若是遇著那難測的宦海風波，恐怕會步先父後塵，坎坷流離。至於這青州故宅，也不知道何時才能再度歸居此間。而歸來堂上滿架的書卷字畫，箱籠裡珍藏的碑石鼎彝，這些都要暫時忍痛撇下了。

　　當日，趙明誠赴任萊州時可謂輕裝簡行，只帶走了正待整理的《金石錄》部分書稿和他平日裡最為珍愛的書籍字畫。而今，李清照又收拾了許多書箱，更將早前寫就的《金石錄》書稿都帶在了身邊。若論真心，這歸來堂上滿屋子的珍藏，李清照都捨不下。可是，她卻是真的都帶不走。

　　最令李清照不安的，應當還是這晦明不定的朝廷。雖然金宋兩國已達成盟約，可總覺得金人暗懷鬼胎，而大宋的君臣們似乎也另有主意。江浙農民起義尚未徹底平定，而東京城內艮岳還在大肆修建。

　　此間，李清照不禁想起了父親李格非的《洛陽名園記》，想起了篇尾的感嘆：「公卿大夫方進於朝，放乎一己之私以自為，而忘天下之治忽，欲退享此樂，得乎？唐之末路是已。」如今細思，李清照不覺心頭冰寒：父親文中所映照的，不正是此時的東京城艮岳嗎？難道大宋朝的末路，便

在此時注定了？若真有那麼一日，這朝堂君王該如何？這天下百姓該如何？這趙李兩家親眷該如何？這歸來堂上的古籍珍寶又該如何？

可無論李清照做何感想，她都不知道自己終究可以做些什麼。她唯一能夠依仗的，就只剩下那些詩書了。

感懷

宣和辛丑八月十日到萊，獨坐一室，平生所見，皆不在目前。几上有《禮韻》，因信手開之，約以所開為韻作詩，偶得「子」字，因以為韻，作感懷詩。

寒窗敗几無書史，公路可憐合至此。

青州從事孔方兄，終日紛紛喜生事。

作詩謝絕聊閉門，燕寢凝香有佳思。

靜中吾乃得至交，烏有先生子虛子。

宣和三年（西元一一二一年）八月初十，李清照終於趕到了萊州，可以和趙明誠一起度過中秋團圓節。然而，初到官衙之內，獨坐房舍之中，那周遭的一切都不是舊時所見之物了，一種傷懷情緒頓時湧起。李清照看見桌上放著幾冊《禮韻》，心中暗想，要以所得第一個韻字作詩。於是信手翻閱，正是「子」字，她略略思忖，便吟成了一首七言律詩。

破舊的窗臺邊、書案上竟然沒有一本詩書和史冊，當此

之時頓然讓人生出如袁術窮途末路時一無所有的感慨。這世上大多數的人都忙於美酒金錢的享樂，恨不能日日都過得歡喜非常。可我卻寧願閉門謝客，在房中焚香靜坐，只為尋得奇思妙想，寫成一首好詩。而在這平靜之中，我也找到了兩個最真誠的友人，一個是烏有先生，一個是子虛公。

這似乎是李清照第一次由衷地，甚至是刻意地在表達她的哀愁、傷感與孤淒。從前那些包含著閨閣愁怨的詞篇，十之八九都是「為賦新詞強說愁」，而這首詩中的愁意，已然是識得愁滋味後的一種清冷味道。從前那些愁怨是專門寫出來向人傾訴的，而今真正的痛苦卻寧可自我化解，交付給子虛烏有的空幻。

曾有人揣測，李清照此時的淒涼是因為與趙明誠已生出離心。那個為美酒金錢日日忙碌的人，正是整日耽於官場往來的趙明誠。或許，此時的趙明誠已經收納了幾個美妾佳人在身邊，而李清照便真真切切地成了她詞篇裡的長門之陳皇后，題扇之班婕妤。

可若果真如此，趙明誠何以會變成這等模樣？難道他本就是貪戀官場的祿蠹？可要是他喜愛做官，早在十多年前，朝廷恢復趙挺之的贈官，賜予趙家子弟官職的時候，趙明誠就該蠢蠢欲動了。難道他是心灰意冷才如此放縱，索性將一切煩惱都交付酒色？可要是他真的如此不堪一擊，又如何能

數十年不懈，一字一字地寫成了《金石錄》？為什麼到了萊州還幾次去城外的天柱山、雲峰山尋訪碑石，終得〈北齊天柱山銘〉、〈北魏天柱山東堪石室銘〉，以及〈北魏鄭文公碑刻〉？

在萊州城的東南方，有一座形似筆架的雲峰山。山雖不高，卻林木繁茂、岩石嶙峋，不但風景如畫，那絕壁山石更是雕刻碑文的絕佳之處，而古來所留的摩崖石刻也是一景。其中有一方北魏時的〈滎陽鄭文公碑〉，乃是北魏國子祭酒鄭道昭為頌揚鄭羲一生功業所刻碑文。碑上書法，飄逸蘊藉，寬博宕逸，其筆力矯健新奇，氣勢磅礴，既有篆隸之勢，複具分隸之雅，堪稱佳作。

趙明誠登山賞碑時見文中稱此碑為下碑，乃是因為雲峰山石質更好才複刻的，還有一塊上碑在「直南卅裡天柱山之陽」，即雲峰山正南方四裡之外的天柱山。為此，趙明誠興致勃勃地趕到了天柱山上尋覓，終將兩方碑文仔細拓下，對比細看。想那時，李清照必然陪伴在側，共賞書法，記錄成文，編入《金石錄》中。這也是夫婦二人萊州時節不可多得的快樂。

或許，對於尋常人來說，要理解李清照那獨屬於自我的孤獨與淒涼是一件極難的事。人們更願意把她看作一個需要肩膀倚靠的柔弱女子，她所有的歡喜與憂愁，都來源於愛情

和婚姻。所以，他們也認定李清照在萊州時節的愁苦都是因為和趙明誠有了隔閡。可他們從未想過，李清照也可以像唐朝陳子昂登幽州臺一般「念天地之悠悠，獨愴然而涕下」。且看她這首〈感懷〉詩中，即便是憂愁難耐，用以自比的根本不是什麼愁婦怨婦，而是一度稱霸淮南的三國梟雄袁術。

因為，這種孤寂並不是閨閣寂寞，這種孤寂，是一個詩人、一個詞家、一個讀書學史的文士，對天地生靈的感悟，是李清照在家國命運轉折的時刻，隱隱預見這個王朝恐將覆滅的巨變，心底生出的無助與悽惶。而這些情緒，也注定隨著時間的流逝，越發凝重。

至於趙明誠收納美妾，這自當又是好事者的荒誕猜想。想當時，上至朝中士子，下至尋常百姓，無不將納妾之事視為平常。且以趙明誠之家世身分，身邊收有一兩個侍妾本更是自然不過的事情。

當年在東京城中時，李清照也曾悄悄聽人說起文正公司馬光拒不納妾之事。道是文正公與夫人張氏成婚多年仍膝下無子，張氏便自己做主，替丈夫納了一房妾室。誰知，文正公卻對這妾室視而不見。一日，張氏命妾室用心裝扮，將她悄悄送至文正公身邊，可待文正公見到此女時，卻將她呵斥一番，終究遣送出府去了。此後，張氏夫人依然無所出，文正公便將兄長次子過繼為子，以承家業。

也許，對於趙明誠納妾之事，李清照也曾有過幽怨和傷懷。可她也必然深知，無論丈夫能否像文正公那般賢達，心無二戀，自己也該學張氏夫人，識得大體，賢慧知禮。歸根結底，李清照是趙明誠的髮妻。

在青州的那些年裡，李清照先後為公爹趙挺之、父親李格非居喪，待年過三旬，與趙明誠仍無兒女繞膝。當此之時，縱然婆母郭氏、趙家眷屬們不說，李清照也心知該為趙明誠考慮子嗣之事。況且，這終究是她日後的依靠。

只不過，納妾數載，趙明誠依舊無所出，眾人便也不好再議論些什麼。而對李清照來說，這種遺憾終究是無能為力的，她唯一可以做到的，只有設法釋懷。

賀人孿生啟

無午未二時之分，有伯仲兩楷之侶；既系臂而系足，實難弟而難兄。玉刻雙璋，錦挑對褓。

這一斷句殘篇的賀喜文字，大約是李清照寫給某位熟識的親友的。她列舉了古代一些孿生兄弟的典故：任文的孿生子，一個生於午時，一個生於未時。張伯楷、張仲楷兄弟二人長得一模一樣，連他們的妻子都經常認錯。兩兄弟剛生下時，母親因為不能辨認，只得用五彩繩一個系在手腕，一個系在足腕。而陳元方、陳季方更是才德超群，難分上下。今

日，這位友人也得了一對雙生子，正該刻上一對玉璋賀喜，裁一雙錦緞為繦褓。

　　這雖然只算得李清照生平之閑文，卻可令人窺見其知典用典的技藝高超。在這接連的比喻中，似乎也透露著李清照發自內心的羨慕和喜悅。而從長遠來看，沒有子嗣為繼，終究為李清照的後半生平添了許多艱難險阻。

　　宣和四年（西元一一二二年）的除夕之夜，趙明誠與李清照並幾個侍妾家人一同守歲。同僚下屬們都歸家團圓了，偌大的萊州州衙內竟然有些清冷。雖然這並不是他們第一次在異鄉過年，但正是長久的遠離，世事的變幻，讓趙明誠和李清照都生出了更多的哀嘆。

　　屋內的炭火還算暖和，因枯坐無味，趙明誠便翻出了一些舊時收藏的書籍字畫，同眾人共賞。這些都是他的心愛之物，自上任時便收在了行裝裡，一直帶在身邊。然而，想想青州歸來堂上那些碑石鼎彝，卻只能孤寂冷落，唯有幾個老僕看守了。

　　賞玩了半日，趙明誠信手翻出了文忠公歐陽修的《集古錄跋尾》，頓時神情淒然。他展開卷冊，只見那跋尾後一行行都是自己的舊時題字。最早的乃是崇寧五年（西元一一○六年）所題。

　　記得那是仲春二月，蔡京剛剛被罷了相，趙挺之官復原

職。趙明誠則仍在鴻臚寺當職，家中日子可謂富足，他和李清照遂尋了個大吉的日子，將《集古錄跋尾》重新裝幀了，題詞以記。

待再次題詞此卷，已然身在青州歸來堂了，那是政和六年（西元一一一六年）六月三十日。而兩年後的仲冬十一月二十六日，趙明誠又夜寒難寐，便秉燭又觀《集古錄跋尾》。不承想，今日再見此卷又過四載，當此歲除之日，在這萊州郡宴堂之上，此情此景，真叫人倍感悵然。

想當初，趙明誠和李清照尚在青春，轉眼間，已都是不惑之年。趙明誠出任外官，終日忙於州衙事務，《金石錄》之編撰整理也耽擱了許多，更覺精神大不如前。由此念及朝廷家國，似也有江河日下之意。

夫婦二人猶記得歲初之時，東京城內的艮岳終於建成，宋徽宗大喜之餘親筆書就《艮岳記》，命諸臣子作古賦並百詠詩，自以為東京城乃「後世子孫，世世修德，為萬世不拔之基」，更道大宋朝「垂二百年於茲，祖功宗德，民心固於泰華；社稷流長，過於三江五湖之遠，足以跨周軼漢」。

然而，就在《艮岳記》寫就後十餘天，金人的兵馬攻陷了遼國中京（今內蒙古寧城西大明城），遼天祚帝倉皇奔逃，流落草原。到這時，大宋朝廷上下似乎才想起當日和金國的約定，而宋徽宗心裡最終的盤算是最好能以宋國一己之

力滅遼，如此才能彰顯他的豐功偉業。

為此，宋徽宗隨即派遣童貫任宣撫使，率領十五萬大軍北上，要搶在金國之前攻克燕京（今北京）。而此一戰，也關乎著將來能否順利收復燕雲十六州。

可是，自從四月中旬發兵，士卒氣勢正盛時，童貫偏要與遼和談勸降。待勸降使節的腦袋被人砍作了兩半，又要貿然出兵。慌慌張張打了兩場敗仗，只得於六月間灰頭土臉地班師回朝，將罪名都丟給了盡忠職守的老將種師道。

實際上，金國原是打算遵守「海上之盟」，將燕京留給宋朝去攻打的。可不知宋徽宗究竟作何打算，總是遲遲不肯再度出兵。入冬時金國使節聽得消息，道是宋廷唯恐再吃敗仗，有心讓金國代為出兵，拿下燕京，隨後再以歲幣將燕京城贖回。到如今，燕京是攻下了，可金國所要求的贖回城池的條件卻又變了：金國雖願意交還燕雲十六州其中的六個州城，但要求宋廷每年進貢的歲幣多出二十萬，而宋徽宗乃至整個朝堂的軟弱退讓，竟在最後變成了要以一百萬兩白銀買回燕京的局面。

種種國情，實在是讓人心襟寒透，卻也是無可奈何。即便是身為大宋的官員，身為一州之長，趙明誠終究也做不了什麼。

宣和五年（西元一一二三年）四月，大宋朝廷終於用民

脂民膏湊成的一百萬兩白銀買回了燕京城，朝堂上下，君臣狂歡。童貫帶領著許多臣子忙著給宋徽宗上賀表，頌揚他超越先王們的功業。而宋徽宗也忙著給各位有功之人賜爵封功，都顧不上理會州防禦使提出加強防禦燕京地帶、穩固時局的建議。

一個多月後，金國開國之君、金太祖完顏阿骨打病逝。隨著他的棺槨走向地下的墓室，當初金國與大宋簽訂的種種所謂的和平約定都化作了煙塵。

完顏阿骨打在世時，金人就已經對大宋皇帝的懦弱無能、言而無信深為痛恨，諫言完顏阿骨打早些滅宋。只是完顏阿骨打想恪守自己的諾言，不願效仿宋徽宗這等無用無信的皇帝。

如今，完顏阿骨打的弟弟金太宗完顏晟繼位，再沒有任何力量可以阻止金人南侵。金國曾經答應將朔州、梧州等地移交給大宋的計畫驟然中止。接著，只需要一個合理的藉口，便可以開啟戰爭，南下滅宋了。

誰料，未出一個月，這個藉口就被大宋君臣拱手送上了門。

曾守衛燕京的遼國將領張覺一直對金國懷有離心，他見完顏阿骨打已死，便決意投向宋廷。宋徽宗等君臣明明知道，若接納張覺便是背棄兩國盟約，卻又捨不得張覺及其手

中兵馬的小利誘惑，最終還是偷偷接納了張覺的叛降。可就在張覺出城迎接宋徽宗招降聖旨的時候，金人攻打了他所占據的平州城，蓋著大宋皇帝寶印的聖旨也成了宋廷違背契約的鐵證。

但可笑的是，到了這年的八月十五中秋節，大宋朝廷竟然還在給圍攻平州城的金國送糧草；而燕京城外，宋將郭藥師帶領的常勝軍正與遼國殘餘勢力、四軍大王蕭幹大戰，整個朝廷似乎對金人的野心毫無察覺。

至於隔著一灣渤海，萊州府衙的靜治堂上，趙明誠將新收得的〈唐富平尉顏喬卿碣〉重新裝裱，記入《金石錄》中。到此時，《金石錄》的書稿也裝卷初就。

也許，對於一個文弱書生而言，即便懷著憂國憂民之心，卻還是只能在自己的小天地裡尋求安慰和解脫。至於閨閣女子李清照，在這樣一個世界裡，她又能如何？

▍又還秋色，又還寂寞

宣和五年（西元一一二三年）的歲初之時，堂兄李迥曾捎來書信，道是廉復先生的後人 —— 孫廉宗師，曾孫廉理、廉珪想將李格非當年為廉先生所作序文刻碑樹石。於是，他們邀請李迥代為題記留念，就在正月初七人日這天，將碑石樹立於故鄉章丘的廉先生墓前。

這讓李迥想起了兒時歲月，也想起了當年哄騙小妹李清照，說要帶她一同去拜謁廉先生墓的事情。誰知光陰荏苒，竟已經過去三十多年了。如今，堂兄也到了當日父輩們的年紀，忙著操持家業。小弟李远學業頗有成就，將來得中功名，亦可在朝中謀個一官半職。至於李家大名鼎鼎的才女李清照，這三十多年的歲月砥礪、人生沉澱，給予了她越來越豐富的感悟。而這些，最後都會化作千古詞篇。

三年一任的知州生涯結束後，趙明誠和李清照當從萊州回到了青州。或許，他們還在那裡度過了一段短暫的休憩時光。但沒過多久，淄州知州的任命再度將趙明誠催上旅途。

蝶戀花

暖雨晴風初破凍，柳眼梅腮，已覺春心動。酒意詩情誰與共？淚融殘粉花鈿重。

乍試夾衫金縷縫，山枕斜欹，枕損釵頭鳳。獨抱濃愁無好夢，夜闌猶剪燈花弄。

暖雨晴風，終於將冬日的寒意稍稍送走了些。看窗外柳葉似細眼，梅花正嬌紅，都萌發著春天的新生，教人不覺春心一動。只不過，此間若要飲酒賦詩，卻沒有人陪同。一時間，輕淚融溼了脂粉，滿頭花鈿也不願插戴了。

穿上金縷絲線縫製成的夾衫，卻無心出門。晚上只得斜

倚在枕上，哪怕壓壞了髮髻上的釵頭鳳。這濃愁越發消散不去，又怎能做成好夢。直到夜闌人靜，也只有獨自剪著燈花，權當遊戲罷了。

李清照的許多愁懷情詞都沒有標記填詞的日子，故而才總是給人們留下種種遐想。李清照在萊州的那些年月，總覺得愁情重重，不單是她，連趙明誠亦是如此。可此番趙明誠出任淄州，夫妻二人的愁緒似乎反倒少了些。

這大概是因為淄州與青州十分臨近的緣故，兩地相距不過百餘里，而離李清照的故鄉齊州章丘也更近些。或許，對於彼時的李清照來說，在趙明誠外任淄州的年月裡，她既可以前往淄州暫住，也可以隨時回到青州歸來堂，沒準還能前往故鄉，探望一下娘家親眷，看看堂哥李迥與弟弟李迒。在紛亂的時事之下，在無可奈何的朝局之中，這恐怕是李清照僅有的安慰了。

宣和七年（西元一一二五年）的夏天，李清照在淄州與趙明誠相聚。或許是上天的垂憐，在那短短的時日裡，夫妻二人彷彿又找回了一些往日的歡心。

趙明誠似乎很喜歡淄州這個地方，他時常騎馬出行，走訪鄉里。早前，趙明誠在城外偶然路過一處名為邢氏村的村落。但見天地平坦無垠，流水環繞，樹木蔭翳，房屋排列交織錯落，趙明誠覺得必有高人隱居於此。他因問村中百姓，

才知此村人皆姓邢，故名邢氏村。村裡有位年長的邢老先生，十分好禮。於是，趙明誠前往邢老先生家中拜訪，而老先生也並不嫌棄趙明誠身為知州的官場俗氣，又得知他是為了訪問碑石而來，故此十分敬重。

待到初夏，趙明誠再度拜訪邢老先生時，老先生竟拿出了家中珍藏的唐朝白居易手書《楞嚴經》一百八十餘幅，要贈予趙明誠，這令趙明誠喜出望外。

> 因上馬疾驅歸，與細君共賞。時已二鼓下矣，酒渴甚，烹小龍團，相對展玩，狂喜不支。兩見燭跋，猶不欲寐，便下筆為之記。
>
> —— 趙明誠《白居易手書楞嚴經跋尾》

在向邢老先生百般道謝後，趙明誠疾馳歸家，要與李清照展卷共賞。這恐怕是數年來夫妻二人難得的歡喜。那一夜，李清照與趙明誠儼然又回到了十多年前歸來堂上的時光：他們並肩而坐，仔細玩賞著眼前的書法經卷。那可是白居易的手書，一卷卷翻去，哪有看得夠的時候，待到二更鼓敲響，夫妻兩個也不願休息。

趙明誠因有酒渴症，一時想要飲茶。李清照便烹煮起小龍團，茶香清幽，正可提神醒腦，二人則繼續賞文。眼見蠟燭就要燃盡，李清照與趙明誠都毫無睡意。為了記下這一番奇遇，趙明誠提筆作文，在經卷最後題寫了跋尾。

琴棋書畫，詩酒花茶，這不僅僅是風雅之人的日常所好，更是他們的精神寄託。人生總有許多不如意的事，如果有什麼可以讓人暫時忘卻煩惱，自得其樂，也只有種種心頭之好了。

這一份白居易手書的《楞嚴經》，似乎成了趙明誠與李清照在淄州歲月裡的光亮，給了他們久違的快樂。

隨後不久，趙明誠又在府衙的一間破屋下發現了一方〈唐淄州開元寺碑〉，竟是唐代書法大家李邕所撰，卻不知何時被人遷到這裡，棄之不顧。趙明誠便命人將這碑刻挪至府衙別處，更用木製柵欄圍護起來。

淄州是古時齊國故郡，多少前代遺存都藏匿鄉間。大約是百姓們都聽說知府是個喜好搜集古物之人，於是紛紛拿出了家中私藏，其中竟有〈孟姜盥匜銘〉、〈和平陸戈〉，真可謂是意外收穫。

但是，令趙明誠沒有想到的是，更大的「收穫」還在其後。

這一年，淄州發生了一次兵變。所幸的是，趙明誠身為知州，指揮得當，派遣官兵及時鎮壓，斬獲了許多叛賊。為此，朝廷特意嘉獎了趙明誠，將其進官一等，更希望他能剷除殘孽，安撫兵民，以緩解朝廷的東顧之憂。

這或許是趙明誠出仕以來，憑藉自身實力第一次獲得的

功績。但在這榮耀背後，人們似乎都沒有意識到，或者說不願意承認：大宋朝廷，已然危在旦夕。

就在這一年，宋金兩國的關係徹底崩裂。只是，宋徽宗君臣自作聰明地以為金國並不了解他們的意圖，而金國則是早已看破了一切，從而順水推舟地利用了宋朝的種種決策。

經過贖買燕京一事，宋徽宗意識到了金國的強勢。但他幾乎都沒有想過該如何加強軍備，整頓朝綱，反而痴心妄想地讓童貫去招降逃亡在外的遼國天祚帝，甚至還寫了一封親筆信函，稱會待天祚帝以皇弟之禮，期盼宋遼聯盟，抵抗金國。

結果，非但是天祚帝，就連宋徽宗的這封信也落到了金人手中。只不過，金國並沒有立即發難，仍舊裝作兩國修好的態度，彙報了天祚帝被俘之事，派遣使團入宋示好。而與此同時，宋金兩國邊界上，金國的兵馬已然完成了最終的調動。

實際上，當金國軍隊在頻頻南調的時候，早有機警的守邊將領向朝廷遞交了奏章共計一百七十餘條。然而，卻沒有一條引起宋徽宗君臣的重視。那時節的東京城內，恐怕仍舊沉浸在一片盛世祥和的美夢中。

古人一直認為，黃河水清乃是聖人在世的大祥瑞。而在宋徽宗大觀初年時，就連續三年發生了黃河水清的吉兆。大

觀元年（西元一一○七年），乾寧軍（今河北滄州青縣）報八百里黃河水清，前後持續了七晝夜，滿朝文武歡呼雀躍，宋徽宗更下詔改乾寧軍駐地為清州。次年，同州（今陝西渭南大荔）黃河水又清；待到大觀三年（西元一一○九年），陝州（今河南三門峽）、同州的黃河同時水清。

正是如此的祥瑞之兆，讓宋徽宗堅信他的舉措都是聖人之行，以至於看不見任何的危機。而更多的人，明明意識到了家國的隱患，但卻為了明哲保身而選擇了漠視，卻都忘了那一句古訓：覆巢之下，焉有完卵。

憶秦娥

臨高閣，亂山平野煙光薄。煙光薄，棲鴉歸後，暮天聞角。

斷香殘酒情懷惡，西風催襯梧桐落。梧桐落，又還秋色，又還寂寞。

登臨高高的樓閣，眼前是一望無垠的平原，點綴著一些零落散亂的小山丘陵。天際裡是輕薄的煙霧，烏鴉都已經歸

［宋］佚名 寒鴉圖

了巢，而這即將褪去的暮色裡，彷彿聽見了聲聲軍中號角。

　　爐中的香火就要熄滅，杯中的酒也將飲盡，令人心情越發煩躁。陣陣西風吹起，催落了梧桐樹葉，轉眼間又是一年秋色。這淒冷景象，更讓人心生寂寞。

　　顯而易見的是，隨著大宋朝廷的不斷衰退，即便身為閨閣女子，李清照也依然感受到了家國的隱憂。那遙遠戰場上的號角，似乎亦能聽見。只是，此時此刻的李清照還無法確定這份隱憂究竟是對是錯。畢竟，身為大宋的子民，她更希望這個天下可以安然太平，可以讓她有更多的時間去讀書，去填詞，去表達自己。

　　毋庸置疑，李清照的詩作詞篇，有一些是閒時應酬之作，有一些是遇事因情而發，還有一些會附帶出明顯的個人生平際遇。但無論是哪一種，都不能脫離李清照的性情色彩，她從不在乎在詞篇中表露自己的感情乃至人生觀、家國觀。也正是因此，後世之人才能夠從她的詞作中看見一個活生生的李清照，看見她所生活過的世界。

　　宋徽宗宣和七年（西元一一二五年），是大宋朝真正天翻地覆的一年。

　　十一月底，當滿朝文武都忙著歲末的祭祀大典時，金國的軍馬兵分兩路，自太行山東西側分別南下，直攻東京，毫無戒備的宋軍幾乎是節節敗退。直到宋朝在石嶺關以北的最後一個據點失守的時候，東京城內的許多臣子百姓們還蒙在鼓裡，而大宋朝的皇帝卻已經做好了逃走的打算。

　　十二月二十日，宋徽宗下詔，冊封太子趙桓為開封牧。在宋代，開封牧一職只能夠屬於皇位的繼承者，而此時的宋徽宗已經想好，要讓兒子替自己收拾爛攤子。兩天之後，宋徽宗頒布了罪己詔，並於次日傳位於太子。

　　宣和七年（西元一一二五年）十二月二十三日，宋欽宗趙桓繼位。他首先做出的決定是於次年改元「靖康」，意在「日靖四方，永康兆民」，但他即將面臨的，卻是金兵對大宋國都東京城的圍攻。

　　宋欽宗靖康元年（西元一一二六年）正月初三，在沒有任何宋軍抵抗的情況下，金軍從容不迫地渡過了黃河。而這天夜裡，成為太上皇的宋徽宗帶著他的後宮以及所謂的忠心耿耿的臣子們，開始一路南逃，直奔揚州去了。

　　所幸的是，一個名叫李綱的將才橫空出世，率領開封軍民將金兵抵擋在了東京城外，免使王朝瞬間淪陷，但柔弱的

新君還是選擇了向金國割地求和。

　　儘管宋欽宗答應了割讓太原、中山、河間三鎮之地並賠償軍費的條件，金國也從東京城撤了兵，但和談的執行並沒有想像中的那般順利。宋國君臣到底有些不甘，可又不敢真的背水一戰。就在這莫名其妙的顧盼遷延中，人們等來了金兵的第二次圍攻東京城。

青玉案

　　征鞍不見邯鄲路。莫便匆匆去，秋風蕭條何以度。明窗小酌，暗燈清話，最好流連處。

　　相逢各自傷遲暮，猶把新詩誦奇句。鹽絮家風人所許。如今憔悴，但餘衰淚，一似黃梅雨。

　　跨馬出征的人看不見那邯鄲夢中的功成名就，如何能就此匆匆而去？秋風蕭瑟，如此情境，教人怎樣度過？明窗之下小酌一番，燈火昏暗中正好閒談，這恐怕是最值得留戀的了。

　　可惜的是，此番相逢彼此都已是遲暮之年，但仍惦記著賦詩時要吟出新奇的句子。當初也曾被人稱讚過有柳絮之才，而今人已憔悴，只有滿懷清淚，就像這黃梅細雨。

　　這闋詞很晚才被歸於李清照的名下，大約就是因為詞中的意蘊與易安居士氣韻太過相似。而無論這闋詞究竟是不是

李清照所寫，遙想當時情境，都足以讓人唏噓。儘管在靖康元年（西元一一二六年）前後的那一段歲月裡，戰爭的烽火並未燃及齊魯之地，但西望著東京城的烽火，只怕所有人都寢食難安。

不過，即便此時此刻人人心中有著強烈的家國存亡之念，但最先要顧及的，仍是眼前的生死安危。而對於李清照和趙明誠來說，他們更為關切的，當是青州歸來堂上的那些古籍珍玩。

> 至靖康丙午歲，侯守淄川，聞金寇犯京師，四顧茫然，盈箱溢篋，且戀戀，且悵悵，知其必不為己物矣。
>
> —— 李清照《金石錄後序》

靖康元年（西元一一二六年）時，趙明誠出任淄州知州尚未滿三年。他既不能擅離職守，也無法將青州的古籍珍物運來淄州。畢竟，一旦金兵來犯，終歸都是無法保全的。更何況，伴隨著朝廷的風雨飄搖，民間的叛亂也時有發生，面對著家中種種書籍藏品，夫妻二人雖然滿心流連，卻也滿懷惆悵，知道終有一日，這些珍物都會散去。

靖康二年（西元一一二七年）的初春，趙明誠收到了其母郭氏病逝的消息，這件不幸之事倒是給趙明誠和李清照眼前的危局帶來了一個意外的轉機。按朝廷規制，趙明誠須得離職丁憂。於是他在同李清照商量後，決定輕裝簡行，前往

江寧，一面料理母親的喪事，一面在南方安頓好居所；而李清照正可返回青州，將家中所藏之物分類清點，運往江南。

> 建炎丁未春三月，奔太夫人喪南來。既長物不能盡載，乃先去書之重大印本者，又去畫之多幅者，又去古器之無款識者，後又去書之監本者，畫之平常者，器之重大者。凡屢減去，尚載書十五車。
>
> —— 李清照《金石錄後序》

這恐怕是李清照人生中第一次所面臨的重大抉擇：歸來堂上的一切珍藏都是她和趙明誠大半生的心血，是他們節衣縮食，一件一件搜求而來的。或許在李清照的眼中，這些珍品就如同她的詩詞篇章一樣，都像是至親的骨肉。

然而，大災將至，李清照只能痛下決心。她深知，歸來堂上的珍藏是不可能都帶走的，只得先把書籍中卷帙浩繁且十分笨重的先放棄掉，又去掉了書畫中重複相似的作品，隨後放棄了一些沒有款識的古器玩物。至此所剩仍然過多，李清照只得又把國子監刻本的書籍都留下了，還有許多技藝平常的畫作，再有幾件過大過重的鼎彝器物。經過幾番削減，最終，李清照仍舊裝載了十五車的書籍古玩藏品。

然而，就在李清照終日忙碌，盼著能儘快將家中所藏轉送至南方之時，大宋王朝卻先一步分崩離析了。

一年前，金國兵圍東京時兩國達成了和談，但隨著後續

交割三鎮以及種種談判的波折，金國的耐性在不斷被消磨。
同時，他們也越發看到了宋王朝的軟弱，徹底明白：對於這
樣的朝廷，與其和他們談判要錢，不如直接搶奪方便。

外患不能平息，而朝內也動亂不止。為了上交給金國的
賠款，官府開始在民間大肆搜刮，要求百姓們毀家紓國難，
將所有金銀財物統統上繳，但即便如此，也未能湊足巨額的
賠償金。

靖康二年（西元一一二七年）正月，朝廷裡正旦歲首的
慶賀還未結束，百姓們卻放火燒掉了幾個衙門官宅，開始了反
抗。但可笑的是，宋欽宗為了緩和民情，竟下旨開放艮岳，讓
百姓們可以進入園中砍伐樹木禦寒。一時間，東京竟成了一座
亂城。所有人都在搶奪艮岳中的樹木，那些奇花異草被掠走，
亭臺樓閣也被拆毀，其中不乏許多豪強賊寇，竟趁此國難盜走
了許多珍奇之物。而在這放縱的暴亂中，更多的無辜百姓被打
死、被砸死，更多的人因為無糧可食，開始食人肉。

隨後不久，為了補足給金人的金銀，朝廷竟然將皇宮內
的玉冊、車輅、冠冕等器物統統拿去抵押，接著又將教坊樂
工以及宮中女官乃至脫籍從良的倡優也充作了抵押之物。滿
是春寒的東京城內，回蕩著女人們震天動地的哭喊聲。

可這些，都沒有換來大宋朝廷君王臣子們的尊嚴和自
由。二月初六那日，宋欽宗在和幾位將帥臣子打馬球時，金

太宗完顏晟派人送來了〈廢國取降詔〉。

　　一百六十七年的大宋王朝被金國給廢除了。剛剛從揚州回到東京不久的太上皇宋徽宗和他的兒子宋欽宗一起，成了亡國之君，連同他們的後宮妃嬪、皇子皇女、文臣武將們，最終於四月初一被撤離的金兵部隊押往金國都城會寧府（今黑龍江哈爾濱阿城區）。在金太宗完顏阿骨打陵寢前，徽、欽二帝被扒去衣服，披著新剝的帶血羊皮，一步一磕頭地繞著陵墓叩拜，完成了金太宗完顏晟的獻俘之禮。

　　與此同時，曾經陪同康王趙構前往金國為人質的太宰張邦昌，在金人屠城的威脅下，被強立為大楚皇帝，接管了東京城和一個殘缺的朝廷。

　　而那個從金人手中僥倖逃脫的康王趙構，因為在東京圍城時是宋徽宗唯一在外的皇子，故而被授河北兵馬大元帥一職，命其號召天下兵馬，勤王救駕。誰知，趙構卻帶著有限的兵將移屯大名府（今河北邯鄲大名），繼又轉移到東平府（今屬山東泰安東平），以躲避金人鋒芒，並在宋徽宗和宋欽宗被擄北上後，很快於南京應天府（今河南商丘）即位稱帝，甚至當年便改元建炎，是為南宋立國之君宋高宗。

　　儘管當時張邦昌主動遜位，將東京城還給了宋高宗，但這些都沒能讓宋高宗堅定坐鎮都城的心。這位傳說中可挽弓至一石五鬥的神勇之君根本顧不上帶兵抵禦再度南下的金

兵，他早早地吩咐了成都、襄陽、江寧府（今江蘇南京）、揚州等南方重鎮儲備資糧，修築城壘，以備巡幸——實則就是為了逃亡。

宋欽宗靖康二年，或者說是宋高宗建炎元年（西元一一二七年）八月，身在江寧府的趙明誠被任命為江寧知府兼江東經制副使，成了宋高宗趙構南逃朝廷的重要官員。

對於當時的趙明誠乃至趙家而言，這似乎已是不幸之中的萬幸。至少，歸來堂上的那些金石碑刻、古籍珍玩終究有了安放之處。

是年十月初一，宋高宗乘船南下，前往揚州。無數家本中原的臣子百姓，或是為了朝廷大業，或是為了保全性命，也紛紛追隨著皇帝的身影，開始了漫漫的南渡奔逃征程。

而李清照，則看護著她好容易才收拾出的十五車書籍箱籠，也向南方行進。她先到了東海海州（今江蘇連雲港），隨後又雇船渡淮水，過長江，足足走了兩三個月才到江寧。

［宋］趙黻 長江萬里

　　可誰承想，就在李清照南下的途中，那些鎖於青州歸來堂上準備來春再行搬運的書冊什物，在金人南下、兵變四起的戰火中，統統化為了灰燼。與此同時，西京洛陽也淪入金人之手，被一把火燒光。李格非《洛陽名園記》中的讖言，如此之快地就得到了歷史的驗證。

　　至於此番南渡，也徹徹底底地改變了李清照的命運。

鳳凰臺上憶吹簫—別家鄉，空嘆人生凄涼

臨江仙

—— 山河破，故國生死離恨

▍春歸秣陵樹，人老建康城

宋高宗建炎二年（西元一一二八年）的初春，李清照從遙遠的中原大地來到了煙雨江南。

然而，就在船至鎮江時，恰有聚眾起事的張遇等亂賊，意圖由此進犯江寧府。鎮江知府錢伯言棄城而去，滿城百姓驚慌無助，任憑賊人燒殺搶掠。當時，宋仁宗之女秦魯國大長公主亦從東京城避禍至此，其次子錢愕竟為賊兵所殺，家人亦大多被劫掠而去。

在這巨大的驚險動盪之下，李清照萬幸地保住了所有的藏物。在張遇等賊人被擊退後，她便一刻不敢多留，要儘早與丈夫團聚，前往那「六朝舊事隨流水」的江寧府。

當船隻自京口瓜洲之間的江河逆流而上時，浩浩蕩蕩的長江水恐怕也不能滌蕩李清照心頭的悲憤和痛楚，以及那莫名的憤怒。她又想起了父親李格非在世時對於古來興亡的評論，想起了唱和張耒先生〈讀中興頌碑〉時眾位叔伯對唐玄宗酒色誤國的議論，想起了自己也曾經有過的慷慨言論。

南來的途中，李清照曾聽說當日東京城遭虜，無數女子以死相抗，更當街大罵那些朝臣，亡家敗國後竟然要以柔弱女子去抵債！堂堂皇朝，有這麼多文武能臣，都是飽讀詩書的風雅士子，為何就不能輔佐君王振興朝綱，為何竟能亡喪至此！

一時間，李清照只覺心潮湧動，面對著滾滾江濤，呼嘯出那千古的詩篇。

李清照蠟像之流寓江南

烏江

生當作人傑，死亦為鬼雄。

至今思項羽，不肯過江東。

生時要成為人中俊傑，死後也要做鬼中英雄。今時今日讓人不由得感慨項羽，寧死也不願逃回江東。

這是李清照對君王的嘲諷，也是她對王侯將相的嘲諷，但似乎也是對自身的無奈。畢竟，李清照也無法成為那個掃蕩敵酋的豪傑，她只是個手握寸毫的女子。若不是因為家中尚有財力、物力，可以讓她帶著這如許多的家藏向南逃奔，江寧還有丈夫安頓好的居所，恐怕她連一己之身都保不住，就如同那些無處可逃，只能淪落為金人奴僕的中原百姓。

雖然分別才數月，但卻恍惚如三秋。當李清照和趙明誠於江寧府再度相見時，只怕彼此都是華髮新添。望著李清照千里迢迢載運而來的十五車書籍珍玩，趙明誠恐怕亦有劫後重逢之嘆。

在這些珍藏裡，有一幅蔡襄的〈趙氏神妙帖〉。這是當年在東京城時，趙明誠和李清照花費了兩百千錢才得來的。前番青州遭遇兵變，李清照外出避難時便將此帖隨身攜帶，這南來的一路上，亦是不曾離身，這才完好地保存下來。

三月初十這天，風中的潮溼陰冷終於褪去，江寧總算是有了些春色。夜來秉燭，趙明誠與李清照再觀〈趙氏神妙

帖〉，又別是一番滋味在心頭。趙明誠題跋在上，記錄下這一年多來的坎坷心酸，而那燭臺上搖曳的火光，卻再不似歸來堂那般明亮，反倒越顯晦暗。

此時的中原，仍是一片喊殺之聲，戰火頻燒。金國分兵三路，大舉南襲，不斷侵擾東京城周圍，而宗澤、韓世忠等宋室忠良之將率兵抵禦，只盼能守住哪怕一寸一毫的疆土。至於剛剛坐穩了龍椅的新君趙構，卻躲在揚州的春色妖嬈裡，享受著他的太平安穩。

當時，因中原天氣轉暖，金人開始北撤。大將宗澤認為此乃北伐的絕佳時機，一旦制敵便可奪回中原。但是，宗澤精心制訂的計畫卻遲遲沒有得到朝廷的回應，而年將古稀的宗澤也因背疽發作，含恨離世，臨終前仍然連呼三聲「過河」。

宗澤去世後，趙構任命大將杜充為東京留守。這個自認為是韓信在世，實則好大喜功、全無才能的人，曾在坐鎮大名府（今河北邯鄲大名）時不思禦敵之策，只知開決黃河大堤以圖阻擋金兵。誰知此舉非但沒有抵擋住敵軍，反致使無數百姓死於水患，兩淮地區瘟疫橫行。而當杜充成為東京留守後，宗澤的北伐計畫便從此成為泡影，中原地區的民間抗金力量反倒成了杜充剿滅的對象，而彼時不得不聽命於他的，正是日後大名鼎鼎的名將岳飛。

　　來到金陵已快一年，但李清照覺得這裡的日子似乎都是熬著過來的，她甚至連填詞作詩的興致都沒有了。

　　記得荊公王安石生前與江寧府頗為有緣，其父王益晚年任江寧府通判並卒於任上，故而王家在此地亦有舊宅。王荊公曾三度任職江寧府，並最終逝於此地，與其父母都歸葬鐘山腳下。

　　江寧之於王荊公，一如青州之於趙明誠、李清照，二人仰慕前輩風采，也曾去半山園內拜謁舊居。當初，李清照曾於《詞論》裡點評王荊公，稱其填詞太過沉重，猶如考場士子寫策論一般。而今登臨古城，忽才發現，那〈桂枝香‧金陵懷古〉裡「千古憑高對此，謾嗟榮辱。六朝舊事隨流水，但寒煙、芳草凝綠。至今商女，時時猶唱，〈後庭〉遺曲」之句，意境高遠，見解高超。

　　年關已過，元宵將近。這一日，恰逢江寧大雪，李清照推窗北望，但見鐘山之上，一片皚皚，別是一種蒼茫景象。待回首時，唯有府衙後宅，重重庭院，不覺心頭煩悶。

［宋］高克明 溪山雪意圖

天上的雪仍在灑落，因江寧溼寒，落雪也不似中原那般吹綿扯絮，點點滴滴都似水晶，彷彿冰雨。李清照因喚丫鬟取來斗笠蓑衣，開了角門，向著城西而去。

若說在江寧有什麼事可以讓李清照稍稍寬心的，那便只有登城尋詩之事了。李清照最愛的，當是江寧西北城垣，站立此間，可遠眺滾滾長江之壯闊，亦可遙望鐘山之巍峨，江寧城景，盡在眼前。而當此大雪天氣，城垣上下更是披銀裹素，江水如練，豈不快哉！然而，今日登城，李清照的詩情彷彿被什麼給阻住了。

失題

南渡衣冠少王導，北來消息欠劉琨。

又

南來尚怯吳江冷，北狩應悲易水寒。

中原淪陷，衣冠南渡，可惜這個朝廷的文人士子裡少了晉室南遷時王導那般的人物，可以穩固這半壁江山。北方的殺場上頻頻傳來戰事消息，可如今的朝廷哪裡還有劉琨那樣平定亂世的將軍。

千里南遷，身在江寧，李清照只覺得這江水太過寒冷。可再想想被金人擄往塞北的二聖，在遙遠的易水河畔，豈非

比她此時的境況更為苦寒？

　　沿著城牆緩行了半日，李清照口中反覆斟酌醞釀的，似乎只有這兩句詩。她知道，這是自己心底的聲音，可是再想就著這兩句配成詩篇，卻怎麼也不能夠了。她想不若趕緊回去同丈夫趙明誠商量，可隨即便又興致全無。

　　如今的江寧知府趙明誠已不似往日在萊州、淄州時那樣自由了，江寧府乃是守衛天塹的第一府城，多少防禦之事須得趙明誠操心。更何況，當今聖上就在兩百里外的揚州城，江寧府本也是預備皇帝巡幸之所，行宮的修繕更要用心。這一年來，除了表兄謝克家命其子謝伋送來唐時閻立本所繪〈蕭翼賺蘭亭圖〉求評鑑外，夫妻二人幾乎很少有時間坐在一起談詩論文、評書觀畫了。

　　這些都給李清照帶來了更深的苦惱：她自然知道這是為人臣子應當做的事情，更何況中原已經淪喪，總不至於所有人都得哀戚地過下去。可身為大宋子民，面對著國破家亡之境，難道就不該存著悲慟之情，難道就不該念著豪壯之心？如若上至君王，下至庶民，都能有一份寧死不做亡國奴的心勁，這天下局面是否會是另一番模樣？

　　然而，這些終歸是李清照留存在心中的一個想像，她終究不是男子，終究上不得朝堂，論不得國事，更殺不得敵寇。若說往昔太平歲月時男人們都認定詩文非女子之事，李

清照不肯相信，偏要去爭一爭。可眼前這種戰亂時局，李清照該如何去爭？

自從去年七月大將宗澤辭世後，朝中便再也聽不到任何關於北伐的消息了。到了八月間，天氣一經轉涼，金人鐵騎便又捲土重來，中原諸城一一淪陷，全靠些僅存的忠勇之士在嚴防死守。到了此時，長江之南，揚州城內依舊歌舞昇平，江寧也是忙著過節燃燈。偌大的城池中，似乎只有李清照還在惦念著北方的家園。

懷著種種惆悵，李清照回到了府衙之中，當她穿越那一重重院門，來到自己的書齋小屋時，不由想起歐陽文忠公〈蝶戀花〉詞：

庭院深深深幾許，楊柳堆煙，簾幕無重數。玉勒雕鞍遊冶處，樓高不見章臺路。

雨橫風狂三月暮，門掩黃昏，無計留春住。淚眼問花花不語，亂紅飛過秋千去。

歐陽公的〈蝶戀花〉堪稱閨情詞的佳作，將深閨女子的處境描摹得何其精妙。但對李清照而言，她只鍾愛這開篇的「庭院深深深幾許」之句。如今，她要用這一句重新開篇，重寫一段別樣的閨閣情緒。

臨江仙

　　歐陽公作《蝶戀花》，有「深深深幾許」之句，予酷愛之。用其語作「庭院深深」數闋，其聲即舊《臨江仙》也。

　　庭院深深深幾許？雲窗霧閣常扃。柳梢梅萼漸分明。春歸秣陵樹，人老建康城。

　　感月吟風多少事，如今老去無成。誰憐憔悴更凋零。試燈無意思，踏雪沒心情。

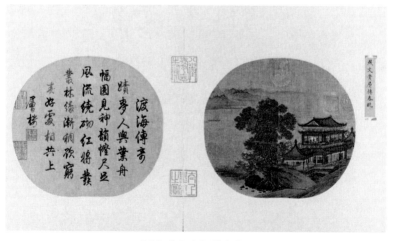

[宋] 燕文貴 層樓春眺圖

　　一重又一重的庭院，不知其有幾多深，雲霧繚繞的樓閣上，門窗經常鎖閉。抬眼處，柳梢吐綠，梅萼漸綻，東風的消息似乎已漸漸分明。春天終於要再度喚醒這秣陵古都的草木，可遠離故土的我，恐怕要老死在這空冷的建康城。

　　回憶往昔，不知有多少感月吟風的詩詞往事，自以為歡喜。如今老去，才覺得自己原是一事無成。到此間，還有誰會憐惜容顏的憔悴與心緒的凋零。在這上元佳節來臨之日，出門賞燈全無意趣，踏雪吟詩也沒有了心情。

　　如若說，歐陽公〈蝶戀花〉中所寫的仍舊是尋常女子的閨中寂寞，那麼李清照的〈臨江仙〉裡，已然增添了更深層的人生感慨。歐陽公筆下的閨中人，只在乎負心郎的章臺遊冶和自家的淚眼問花，而李清照這個不同尋常的閨中人，惦念的卻是去國離鄉，人間飄零。

　　這當是李清照在江寧府內度過的唯一一個元宵佳節。六百餘年的元宵燈會本是江南諸城裡最隆重的節日慶典，有著「南油俱滿，西漆爭燃；斜暉交映，倒影澄鮮」的盛景。可惜，這些終成了李易安詞中的「無意思」「沒心情」。

　　更重要的是，李清照心底的憂懼，很快就變成了現實。

　　建炎三年（西元一一二九年）正月，在河南府一帶守衛皇陵的岳飛奉命返回東京城，卻被東京留守杜充要求先行驅散駐紮在東京城周邊的張用、王善等人。岳飛深知，這些人雖然是出身綠林的匪賊，但此時卻是保家衛國的豪傑，不願自相殘殺。杜充便以軍法問斬之罪相威脅，勒令岳飛出兵。

　　無奈之下，岳飛只得以八百人擊退張用、王善部眾數萬，而與此同時，金人卻在中原連攻數城，徐州、淮陽、泗

州等紛紛落入其手，眼看著就要直奔長江而去。

二月初三，金兵的前鋒部隊攻陷天長（今安徽天長）的消息傳至揚州，正在尋歡作樂的宋高宗驚慌失措，當即下旨移駕，倉皇渡江，直奔著臨安城（今浙江杭州）而去，丟下一干守衛長江天塹的大小官員將領，還有人心惶惶的江南百姓。

當時，率軍駐守江寧的乃是御營統制官王亦。他因見朝廷如此混亂，便有心反叛，但卻被江東轉運副使李謨察覺。李謨一面假作不知，穩住了王亦，一面將此事報告給了知府趙明誠。

趙明誠大約是已經得到了一些消息，知道朝廷準備調他改任湖州，好追隨皇帝而去。故此，趙明誠沒有將王亦反叛的事放在心上，甚至以為，王亦想要謀反是異想天開。

然而，王亦的行動卻遠比趙明誠猜想的要快得多。幾日之後，王亦便命一些親信兵卒埋伏在城中巷道，用柵欄阻擋住各處防守隘口，打算一舉拿下府衙等駐所。

夜半時分，王亦命人在天慶觀縱火為號，一同發動進攻。但因李謨等人早有戒備，一見火起，駐守軍隊便立刻出動了。王亦見此情境，知道再難成事，便急急忙忙地撤退，砸開了城牆南門逃亡而去。

這一場暴動很快被平息了，待到天明時查訪各部人員，

卻不見了知府趙明誠、通判毋丘絳以及觀察推官湯允恭等人。再經有司仔細查問，方才知道，這三位江寧府的執政長官，竟然在暴亂初起時用繩子從城牆上墜下，趁夜逃跑了。

［宋］馬遠 長江萬頃圖

這恐怕是趙明誠一生都洗不去的汙點，也是李清照對丈夫最失望的一件事。對於李清照而言，她和趙明誠本都是淡泊名利的讀書人，詩書為伴，金石為樂。或許，她從未奢望過丈夫能夠封侯拜相、匡扶社稷，也不盼著他馳騁沙場、剿滅金酋。

但是，縱然趙明誠做不成張良、蕭何、韓信那樣的人傑，身為官宦子弟，身為儒生士子，他總該「行可以為儀

表，智足以決嫌疑，信可以守約，廉可以使分財，作事可法，出言可道」。

李清照還記得，就在三年多前的淄州任上，趙明誠也曾指揮官兵，斬獲了叛變的賊人。為何如今，他反成了一個縋城而出的逃兵，竟將這一城的安危置之不顧？

也許，趙明誠是真的怕了。尤其是在經歷了喪國之痛後，在看到君王也如喪家之犬落荒而逃的時候，年將半百的趙明誠意識到，自己終究也只是個凡夫俗子、文弱書生。身為文人的李清照自然會怨恨甚至鄙視趙明誠的舉動，但身為妻子的李清照，或許會在心裡某個柔弱的地方，選擇了諒解。

很快，趙明誠因為他的臨陣脫逃而被降官二等，罷去了江寧知府之職。於是，李清照一如當初在青州之時，領著有限的家人奴僕，迅速地收拾好那十五車的書籍箱籠，乘船入江，離開了寄居僅一年有餘的江寧府。

建炎三年（西元一一二九年）的暮春，載著李清照和趙明誠一切身家的船隊逆著滔滔的長江之水，向西而去。他們上蕪湖（今安徽蕪湖），入姑孰（今安徽當塗），打算前往贛江（今江西贛江）一帶定居。可夫妻二人一路上的心情，卻無從可知。

當船隻自江寧府城西入江，南行十數里後，便來到了一

處江心洲頭。這裡正是晁補之曾經向李清照提起過的烈山，他說此間風光當是「山如浮玉一峰立，江似海門千頃開」。而沿著洲頭西側再行數里，便可見到當年西楚霸王項羽自刎歸天的烏江亭口。只是這一段路，趙明誠和李清照都想快些通過。

對於此時的趙明誠來說，恐怕心裡是五味雜陳的。而李清照更是幾多尷尬，她大約也從未想到，自己最親最愛的枕邊人，那個與她詩書相伴的閨中友，竟然成了自己詩作裡所諷刺之人。再思及前番踏雪城垣所尋得的那兩句詩，李清照的心境就更為寥落了。

不過，命運的又一次轉折，就在此時降臨到了李清照和趙明誠之間。

就在李清照與趙明誠駕舟西去之時，西子湖畔的臨安城內發生一次更為嚴重的兵變，即位未滿兩載的宋高宗趙構竟被迫禪位，以求自保。

當時，因宋高宗一路南逃，跟隨其左右的內侍省押班康履等宦官皆是驕奢淫逸之人，而深受其寵倖的御營都統制及樞密使王淵，更是在南逃途中藉口為皇帝斷後，趁機聚斂錢財，強占民宅，使得百姓們敢怒而不敢言，更激起了軍中一些將領的痛恨。

其中，扈從統制苗傅自認苗家三代從軍，祖父苗授在宋

神宗元豐年間曾為殿前都指揮使，世有功勳。而威州刺史劉正彥亦不滿王淵和官宦狼狽為奸，對此輩依靠諂媚獲得高官極為不滿。於是，他們在軍中暗暗散播各種怨憤之語，挑起軍士們對奸臣昏君的怨恨。

彼時，韓世忠、張浚等人都駐守在外，宋高宗的隨身護衛基本上都掌控在苗傅和劉正彥手中。故此，苗傅與幕僚王世修、張逵等人議定，先殺了王淵，再除宦官，以清君側。

就在三月二十六日宋神宗忌日這天，宋高宗率文武百官焚香祭祀。苗傅和劉正彥事先埋伏下兵馬，一舉拿下王淵，以其結交宦官、意圖謀反之名就地正法。隨後，二人率軍大肆捕殺宦官，圍攻皇宮。而守衛宮門的中軍統制吳湛等人也認為苗傅是為了天下除害，將其放入宮中。

面對苗傅、劉正彥的刀兵，宋高宗無以為抗，只得乖乖聽從了二人的條件。宋高宗請來隆祐太后，也就當初被宋徽宗廢去元祐尊號的宋哲宗皇后孟氏，以其名義命宋高宗禪位，擁立年僅三歲的皇子趙旉為帝。

儘管苗傅、劉正彥的兵變極為神速，但他們並不善於主理朝政，更不懂得如何應對時局。幾天之後，張浚、韓世忠等人紛紛得知臨安兵變之事，立刻傳檄天下勤王，趕往臨安。

至此，苗傅、劉正彥大為驚恐，趕忙奏請復辟，宋高宗又復大位。而苗傅、劉正彥儘管預先討得一份所謂的丹書鐵

券，卻還是死在了韓世忠的手下。

此事過後，宋高宗大約是有些忌憚臨安這個不祥之地，遂傳旨移駕江寧府，駐蹕於宮觀神霄宮中，又改府名為建康，修建宮殿，打算以此為朝廷東都。大約正是因此，令宋高宗想起了前任江寧知府趙明誠，又或者是朝中無人可用的局面讓他無從選擇，故而一道任命趙明誠為湖州知府的聖旨從建康府發出，一路向西直追，終於在池陽（今安徽池州）追到了趙明誠夫婦的船隊。

> 夏五月，至池陽。被旨知湖州，過闕上殿。遂駐家池陽，獨赴召。六月十三日，始負擔，舍舟坐岸上，葛衣岸巾，精神如虎，目光爛爛射人，望舟中告別。余意甚惡，呼曰：「如傳聞城中緩急，奈何？」戟手遙應曰：「從眾。必不得已，先棄輜重，次衣被，次書冊卷軸，次古器，獨所謂宗器者，可自負抱，與身俱存亡，勿忘之。」
>
> —— 李清照《金石錄後序》

頒給趙明誠的聖旨不僅僅讓他出任湖州，更命其先行前往東都建康，赴闕上殿，面見君王。在「縋城而逃」的巨大恥辱面前，在承受了無數指責和自責後，對於趙明誠來說，這一道聖旨，不僅僅代表著當今皇上對他的寬恕，更意味著他可以重新開始。趙明誠當即決定在池陽暫駐，匆匆忙忙地安排了家中事務，便要獨自奉旨入朝。

六月十三日這天，趙明誠收拾了簡單的行裝，離舟登岸，坐在一邊。他穿著一件葛布素衣，掀起了前額上的頭巾，大有少年時當衣買碑的灑脫風采。李清照看著精神如虎的趙明誠，他那明亮的目光直投向船上來，同眾人一一作別。

不知怎的，這一刻卻讓李清照感覺極為惶恐不安，似乎比當初金兵南侵中原淪喪時還可怕。她甚至不敢跟趙明誠告別，總覺得此一去凶多吉少。直到趙明誠上馬欲行，李清照這才回過神來。她向著趙明誠大聲呼喊，問他，如果將來池陽城中發生變故該如何處置。

趙明誠的情緒極為激動，他伸出食指和中指作畫戟狀，高聲回應，若是發生變故，便要李清照跟隨眾人一起逃命。萬不得已時，可以先丟掉笨重的物件箱籠，然後再丟掉衣服被褥一類，再者可以扔掉書冊卷軸和一些古玩器皿。但唯有那些用以宗廟祭祀的禮樂之器，哪怕是親自背著、抱著，也不可丟棄，要與之共存亡。

隨著岸邊身影的離去，李清照的腦海中只迴盪著趙明誠關於那些家藏珍品的囑託，還有懇切堅定的三個字：「勿忘之。」

▍愁損北人，不慣起來聽

南歌子

　　天上星河轉，人間簾幕垂。涼生枕簟淚痕滋，起解羅衣聊問夜何其。

　　翠貼蓮蓬小，金銷藕葉稀。舊時天氣舊時衣。只有情懷不似舊家時。

　　天上銀河已悄然轉移，夜來人間家家戶戶都垂下了簾幕。寒涼的秋意自枕簟生起，而眼淚已打溼了竹席。起身解開羅衣，不覺悵然自問，如此沉夜，究竟何時才能天明？

　　衣服上貼翠而成的蓮蓬是那樣小，銷金而成的蓮葉竟也顯得稀疏了。這天氣，這衣裳，都如同舊時一樣，唯有心中情愫全然不似往昔。

　　自趙明誠獨自奔赴建康後，李清照便在池陽落腳暫駐。她應當一直停留在家中行船上，連在城內租下一間房舍的念頭也沒有。李清照不敢甚至是不願將這裡當作可以棲居的家，她知道這不是自己最終要去的地方，卻也不知道自己終將去到那裡，那一船船的家藏更不敢隨意卸下。

　　儘管這不是李清照第一次獨自承擔起攜家逃亡的重任，但此間情境已與早前不同。兩年前南奔時，儘管路途遙遠，但李清照卻還有個心嚮往之處，趙明誠正在江寧等著她。而

今，趙明誠留在了身後的建康，李清照帶著如許多的物件箱籠，卻不知前路究竟在哪裡。此時的她，就像這大宋朝廷一樣，前途未卜，命運難定。

苗劉兵變後，東京留守杜充便下令駐守東京城的兵馬南撤，前往建康。他表面上是為了勤王救駕，實則是為了儘快離開中原戰火，而彼時守備東京的，正是剛剛憑藉軍功被授為武德大夫的岳飛。

岳飛向杜充苦諫，認為中原土地一寸不可失。更何況，東京城仍牢牢掌握在宋軍手中，一旦撤軍，便會被金人徹底占領。那時再想收復，只怕難上加難。

可杜充全然不理會岳飛的諫言，堅命南下，岳飛只得遵從。而宋高宗見到杜充如此歸來，非但不怒，甚至認定他是忠心赤膽，竟擢其為右相，將長江防務悉數交給了杜充。與此同時，宋高宗亦派出使臣，向金兵統帥完顏宗翰呈送了一封〈與元帥書〉。

書信中，宋高宗悲嘆自己身為小邦君主，一年之內，「自汴城而遷南京，自南京而遷揚州，自揚州而遷江寧」，可謂是「守則無人，奔則無地」。他每日鰓鰓，只盼著金國能夠哀憐幾分，不再領兵南攻，讓宋廷留有殘喘之地。此後，宋廷歲歲進貢，對金國亦是長遠之計，總比竭澤而漁強多了。

然而，無論宋高宗態度多麼謙卑，言辭多麼懇切，金人都絲毫沒有動心，數萬鐵騎橫行於中原，向著江南步步逼近。

在池陽停留了兩個多月後，李清照與趙明誠分別時的隱憂終於成真。七月底，她接到了來自建康的書信，道是趙明誠已臥病在床，這讓李清照膽戰心驚。

七月末，書報臥病。余驚怛，念侯性素急，奈何。病店或熱，必服寒藥，疾可憂。遂解舟下，一日夜行三百里。比至，果大服柴胡、黃芩藥，瘧且痢，病危在膏肓。余悲泣，倉皇不忍問後事。

—— 李清照《金石錄後序》

趙明誠自池陽赴建康時，正是大暑天氣。彼時的他，心中正懷著前所未有的渴望成就功業的熱情，故而一路狂奔，卻在抵達建康時感染了熱疾。

三十年的結髮夫妻，李清照太了解自己的丈夫了。趙明誠是個急性子的人，每每患了瘧疾或熱症，都一定會服用大寒的藥物去壓制，此舉極為傷身。往昔李清照守著趙明誠時還可勸解一二，如今丈夫身邊無人，李清照自然憂慮萬分。她顧不得其他，急忙解開船纜，入江東去。好在是秋風西來，順江而下，一個晝夜便走了三百餘里，終於趕到了建康。

然而，趙明誠果真已經服用了許多柴胡、黃芩一類的藥物，瘧疾和痢疾二症齊發，早是病入膏肓，醫藥難治。當此之時，李清照倉皇無措，多少身後事都不再忍心問起。

添字醜奴兒

窗前誰種芭蕉樹，陰滿中庭。陰滿中庭。葉葉心心，舒卷有餘情。

傷心枕上三更雨，點滴霖霪。點滴霖霪。愁損北人，不慣起來聽。

不知是誰在窗前種下的芭蕉樹，如此繁茂，遮蔽了整個庭院。那一片片舒展的闊葉和正從捲曲中伸展的葉心相互依偎著，似乎有著無限的情愫。

三更時分落下了點點細雨，讓人枕畔聽了越發傷心。這滴滴答答的落雨聲音，真教我這北方之人聽不慣，滿懷的傷痛愁緒，只得披衣坐起。

宋高宗建炎三年（西元一一二九年）八月，或許就是在中秋佳節的那一天，李清照和丈夫趙明誠一同度過了最後一個團圓節。有多少往事，盡皆湧上心頭。

望著病榻上的趙明誠，李清照或許會想起二人少年時的初識，想起新婚時的甜蜜；想起趙明誠自太學告假歸家，從大相國寺裡買回的時鮮果子，還有當去了一身衣服才淘換回

來的碑石。李清照更會想起夫妻二人屏居青州的日子，歸來堂上那十數年的美好時光，每日飯後賭書潑茶的閒趣。

記得那時，夫妻二人都說，若能一生如此，便甘心老死在青州家園。誰承想，到如今山河憔悴，國破家亡，倉皇南渡，落魄飄零。他們最終竟要在這六朝煙水的建康城內生離死別，而那七尺之棺不知何時才能重歸故鄉。

八月十八日，遂不起。取筆作詩，絕筆而終，殊無分香賣履之意。

—— 李清照《金石錄後序》

八月十八日，趙明誠已然不能起身。他喚人取來筆墨，寫下了臨終絕筆，覽其心意，卻不像那些庸俗之家，擔憂著分發家財、遣散妾婢諸事。趙明誠唯一放心不下的，仍舊是那些古籍珍玩、金石碑刻。而從趙明誠撒手人寰的那一刻起，四十六歲的李清照不僅僅成了喪夫之孀婦，也成了整個家庭的支柱。那些跟隨她而來的家人奴僕，那些裝載著的家藏珍物，都成為了李清照的責任和負擔。也正是從那時起，李清照的生命裡，她的詩詞文章中，更增添了一種難以遏制的沉重，單從她為趙明誠寫下的祭文裡，便可窺見一二。

白日正中，嘆龐翁之機捷；堅城自墮，憐杞婦之悲深。

—— 李清照〈祭趙湖州文〉

臨江仙—山河破，故國生死離恨

　　唐朝時有居士龐蘊一家，皆深信佛法。龐蘊將要圓寂時，囑咐女兒龐靈照，待看到日頭正午時便告訴他，正是他歸去的好時候。龐靈照察看天色便告訴父親，日頭已到正午，可是卻有日食。龐蘊聽此便也出門觀看，誰知女兒卻趁機坐到了父親的位子上，合掌坐化了。龐蘊見此，不由感嘆女兒的機智敏捷，竟然先得了佛法機緣。

　　春秋齊國杞梁殖之妻，因丈夫戰死沙場，遂成了一個「上則無父，中則無夫，下則無子」的嫠婦。她內無所依，外無所倚，只得在城牆之下守著丈夫的屍身痛哭，竟使城牆崩塌，其悲深可知。

　　今時今日的建康城內，李清照與丈夫天人永訣。趙明誠先一步而去，自是了無牽掛，卻丟下李清照獨自面對身後諸事，孤獨無依。那故事裡的杞梁妻尚可以投淄水而亡，可李清照又如何能拋下這僅存的家業？即便這些不是丈夫臨終前的殷殷囑託，身為一個讀書人，李清照也自知，那些書籍珍玩，都是她應當承擔起的責任。

［宋］馬和之 魯頌三篇圖（宋高宗書）

葬畢，余無所之。朝廷已分遣六宮，又傳江當禁渡。時猶有書二萬卷，金石刻二千卷，器皿、茵褥，可待百客，他長物稱是。余又大病，僅存喘息。事勢日迫。念侯有妹婿，任兵部侍郎，從衛在洪州，遂遣二故吏，先部送行李往投之。
　　　　　　　　　　　　——李清照《金石錄後序》

　　安葬了趙明誠後，孤獨無依的李清照一時不知該向何處去。彼時，朝廷因金兵壓境，未免尾大不掉，便先將後宮眾人分散遣送至別處，而為防金人渡江，長江也全部禁渡。李清照大病之中，一心牽掛的仍是家中所藏的兩萬卷書冊，兩千卷金石碑刻的拓本，還有數百件器皿、被褥等物品。如若不能儘早轉移，只怕都不能保住了。

　　然而，就在這種種憂愁惶恐間，卻發生了一件匪夷所思之事。

　　趙明誠逝後月餘，忽有一個名叫王繼先的內廷醫官，拿著三百兩黃金尋上門來。王繼先是個狡黠諂媚之徒，早前因為治好了宋高宗的病症而獲得寵信。他此番前來，竟是想買下趙明誠所藏的古器。

　　這頓然教李清照心驚肉跳。她害怕的不是王繼先，而是王繼先背後的宋高宗，當今的大宋皇帝。

　　同他的父親宋徽宗趙佶一樣，宋高宗趙構亦是一個喜好風雅、醉心書畫的享樂皇帝。歲初，宋高宗剛剛駐蹕江南時便數次發布詔書，要在民間搜集古書珍玩，有許多人因為獻書獻畫而得了封官。

　　趙明誠家藏珍物之事，想必宋高宗早有耳聞。如今，趙明誠方才離世，宋高宗的親信便已登門，要將這些古器悉數買下。李清照不知道，這是王繼先的私欲，還是宋高宗的旨意。可無論是哪一種，李清照都不能答應，卻又似乎得罪不起。

　　這便是所謂的世情冷暖，即便是曾經名震東京的才女李清照，最終也被人們當作一個柔弱無助的嫠婦去看待。彷彿一個女子，不管她有怎樣的絕世才華，一旦失去了丈夫，她便沒有了依靠，可以任人擺布欺凌。區區三百兩黃金，便妄圖奪走李清照和趙明誠一生的心血。

　　沒過幾天，時任兵部尚書的謝克家便向宋高宗進言，認為趙家畢竟世宦門庭，趙挺之也曾官居右相。如今，人人知

曉聖上對王繼先的寵信，如若任憑王繼先作此舉動，向趙家遺孀強買所藏古器，只怕會有損帝王聖德之名，故而希望宋高宗能出面干預此事。於是，宋高宗親自批令三省，向王繼先訊問前後因由，收買古器之事便不了了之。

誠然，身為趙明誠的姨表兄，謝克家不可能無端干涉此事。他定是受了李清照的囑託，才在宋高宗面前婉轉地表達了態度。但是，事情並不像世人所料想的那般簡單。

儘管王繼先強買古器之事看似與宋高宗無關，但這並不能讓李清照全然安心。與此同時，李清照也意識到自己當下的困境：上無兄弟扶持，下無子嗣承業，一個孤寡之人帶著如許多的珍品流寓在這亂世，這無疑是稚子抱金於鬧市。縱然那些強權之人不加覬覦，草莽盜賊也定會搶奪。

彼時，趙明誠的妹夫、兵部侍郎李擢正在洪州護衛隆祐太后。而緊迫的時局促使李清照下定決心，先將部分家藏送往洪州（今江西南昌）。

獨餘少輕小卷軸書帖，寫本李、杜、韓、柳集，《世說》、《鹽鐵論》，漢唐石刻副本數十軸，三代鼎鼐十數事，南唐寫本書數篋，偶病中把玩，搬在臥內者，巋然獨存。

—— 李清照《金石錄後序》

李清照派遣了兩位可信的老僕，將分選出的物件行李先行送往洪州後，她身邊所留的只有少量輕便的小卷軸書法畫

帖，手抄本的李白、杜甫、韓愈、柳宗元的詩文集並《世說》、《鹽鐵論》等書籍，還有漢唐的石刻副本數十軸，十幾件夏、商、周三代的鼎彝，以及幾箱南唐時的手抄書。

這些，都是李清照精心挑選後留下的。趙明誠離去後，她亦是大病一場，當此困頓境地，唯有這些物件尚可慰藉心靈。李清照將它們統統搬在臥室之內，親自看守，更不由感嘆，歸來堂上的所有家藏竟只有這些巋然獨存了。

誰承想，這些巋然獨存的心愛之物，也終究未能留住。

似乎就在這月餘之間，東都建康城中漸漸傳開了一些閒言碎語。道是趙明誠有私通敵寇之嫌疑，而起因竟是一隻玉壺。

李清照這才想起，當日趙明誠病重，確實曾有一個名為張飛卿的人，帶著一隻玉壺前來拜訪趙明誠。然而，趙明誠看過玉壺後，認定不過是一種質感似玉的石頭，算不得珍品，那人便也就將玉壺帶走了。

李清照不知道這只玉壺如何會跟私通敵寇扯上關係。莫非是張飛卿的那只玉壺流落至金人手中，故而被認作是趙明誠獻給金人的？可自張飛卿登門至今，不過短短兩三月，玉壺怎麼就落在了金人手裡？莫非那張飛卿本就是金國的細作，拜訪趙明誠之事被人發現，才由此誹謗？隨後，人們私下裡又隱隱約約地提及「頒金」之語，似乎和當初王繼先強買古董有關，讓李清照更加擔心這些流言的由來。

　　大約還是謝克家這些親友故交告知李清照，恐怕朝中有人以此為據，暗中向皇帝檢舉彈劾。縱然不能斷定趙明誠通敵叛國之罪，但趙家一門之聲譽、趙明誠之清白便都要毀了。

　　這對李清照而言，無異於晴天霹靂。可此時間，她仍不知事情的前後因由，即便想要申訴也無處可訴；想要裝作不知，不了了之，似乎也不可能。在彷徨恐懼之中，李清照漸漸想明白了一件事：自從金人南侵、朝廷南逃的那一刻起，青州歸來堂上的那些所謂的家藏珍物，就已注定不再屬於自己。

　　且不論張飛卿在趙明誠垂危之際攜玉壺登門拜訪是不是有人早已預謀，但王繼先拿著三百兩金子來強買古器時，最終的結局已然寫定。三百兩黃金並不是個小數目，即便這一切都不是宋高宗所授意，如今看來，好像也是李清照不識時務。人們猶記得靖康二年（西元一一二七年）時，為了交付答應金國的賠款，東京城內的百姓都將家中金銀悉數上交，為何今日，李清照卻捨不得這點家藏？

　　對李清照而言，這必然是一番天人交戰的抉擇，可她最終還是決定：為了丈夫趙明誠的清白，只能將家中所有銅器物件，統統進獻給朝廷。然而，此時的朝廷，此時的大宋皇帝，卻又早已不在建康城中。

　　自入秋以來，金軍又兵分多路向南進犯。滅遼功臣、魯王完顏撻懶領軍進攻淮南，金國四太子完顏兀術則率軍直攻江南，以期越過天塹，直搗臨安城，徹底滅亡宋朝，占領整個大宋疆土。

　　就在金兵步步逼近江北時，宋高宗已然嚇得趕緊從建康移駕臨安，隨後又逃往越州（今浙江紹興）。至十一月初，完顏兀術已然占據了江北重鎮和州（今安徽馬鞍山和縣）。

　　當時，完顏兀術與金將李成合攻烏江，直逼採石磯，建康城已遙遙可望。但鎮守建康的江淮宣撫使杜充卻深居衙內，不做任何軍事防備。岳飛見此，便直入杜充內室，苦苦勸諫，杜充卻不為所動。

　　隨後不久，金兵果然渡江，直奔建康而來。杜充聞知，方才命令都統制陳淬率岳飛等將官，統兵二萬奔赴馬家渡迎敵，又派王燮領一萬三千人策應。誰知，正當陳淬、岳飛等人死戰之時，王燮卻不戰而逃。陳淬戰死，諸將皆潰，岳飛苦戰無援，只得退據鐘山。而杜充，早又棄城而去，逃往真州（今江蘇儀征），不久後更是向金國投降。

　　由此，大宋南都建康失陷。而李清照也在這危局到來之前，攜帶著那些「歸然獨存」的藏品，匆匆踏上了南去之路。她必須要儘快將一些珍品獻給朝廷，唯有如此，才能保住趙明誠乃至趙家的清白家聲。而這時候，李清照唯一能想

到的人，便是在敕令局任刪定官的弟弟李远。

實際上，儘管趙明誠已經病逝，李清照成了嫠婦，但她並非真的無處可依。身為趙家的兒媳，當趙明誠離世後，他的兩位兄長趙存誠、趙思誠是應當承擔起照料弟弟遺孀的責任的。

可自從朝廷南渡後，趙存誠和趙思誠都被委以重任。趙存誠為廣東安撫使，趙思誠也趁此將家人都送至泉州（今福建泉州）定居。大約是李清照覺得趙氏族人所居之地山高水遠，旅途太過艱辛，又或者有其他的原因使得她不太願意去攪擾這兩位兄長。故而，在趙明誠去世之後，李清照能夠依靠的，便就只有還在吳越一帶的娘家親眷了。她已經竭盡所能，像趙明誠當初囑咐的那般保護著所有珍藏，也曾存著「與身俱存亡」之心。

只是，如此亂世，這些珍品終將為李清照乃至趙家帶來禍患，她也無法憑藉一己之力，帶著它們東躲西藏。如今，李清照唯一可以做的，便是攜帶著那些家藏珍物，哪怕從此江湖漂流，也要追上一直在奔逃的君王。

建炎三年（西元一一二九年）十一月，金人攻陷建康城後，一面與留守的岳飛等將領交戰，一面派出了一支精兵四千為先鋒部隊，向南追襲宋高宗，期望能將其活捉，一舉滅宋。而彼時的宋高宗，則如喪家之犬，自臨安奔越州（今

浙江紹興），又往明州（今浙江寧波）。

　　李清照的車馬緊緊追逐著皇帝的腳步，卻總是不能趕上。她的身後，則是追殺宋高宗的金兵。此中辛酸險阻，無人可說。隨後不久，金人在十二月間攻下了洪州，李清照早前寄存在妹夫李擢之處的大半書籍珍品也都丟失了。

　　至此，三年前的歸來堂上，那些由李清照辛辛苦苦挑揀出來，裝了十五車，用整整一個船隊運至江南的家藏之物，幾乎都散作了雲煙。所留存的，便只有李清照最後帶在身邊的「歸然獨存者」。可她也不知道，自己最終能否保住這些僅有之物。

　　到臺，臺守已遁。之剡，出陸，又棄衣被。走黃岩，雇舟入海，奔行朝，時駐蹕章安，從禦舟海道之溫，又之越。

　　　　　　　　　　　　　—— 李清照《金石錄後序》

　　當李清照為了將家中銅器進貢朝廷，追隨宋高宗逃亡的路線時，這一段歷史變得極為混亂。也許，彼時的李清照已經分不清時日，甚至不知道自己走過的地方究竟都是哪裡。她原說想要去投奔弟弟李远，卻又不知道在這段路途中是否能見到自己的弟弟。

　　李清照匆匆忙忙趕到臺州（今浙江臺州）時，守城諸將領為了躲避金兵，皆已逃遁。於是，她為避刀兵去到了剡縣（今浙江嵊州），在那裡棄船乘車，扔掉了多餘的衣箱被褥，

只求輕裝南行。可等到追至黃岩（今浙江臺州黃岩），宋高宗已然乘船逃入茫茫東海。無奈之下，李清照也只得雇了船隻，入海而去，終於在海上追到了漂泊的君王和朝廷。於是，李清照跟隨著御舟的隊伍，從海上繞道至溫州（今浙江溫州），由此登岸，重返越州。

　　只不過，她那些打算進獻給朝廷的器物，終究也沒能進入趙構的皇家府庫。

臨江仙—山河破，故國生死離恨

孤雁兒

—— 哀江南，漂泊天涯難歸

▎一枝折得，人間天上，沒個人堪寄

宋高宗建炎四年（西元一一三〇年）的那個春天，恐怕是李清照生命中最灰暗、最艱辛的日子。

自中原淪喪、倉皇南渡，從未遭受過離亂之苦的李清照已經飽嘗辛酸。可細究起來，在這亂世之中，李清照至少還能夠保全一己之身。她沒有像那些被金人擄走的女子，成為奴隸，受盡屈辱，毫無尊嚴；她也不似那些毫無依傍的平民百姓，茫然奔逃，連個落腳之處都沒有，還要遭受官吏的盤剝。儘管寄居建康時心中常懷家國之恨，可相較於更多螻蟻小民的遭遇，李清照已算是萬幸。

然而，這僅存的幸運，也都隨著趙明誠的離世不斷地被瓦解。為了免遭誹謗，無損趙明誠的身後之名，李清照不得已痛下狠心，要將家中銅器物件進獻朝廷。

在那個寒冷的冬日，李清照帶著僅存的家藏，乘舟飄蕩於江南的河湖之上，身邊大約只有幾個還算忠心的護院家人。戰爭的烽火已然燒至，百姓們或是四向逃亡，或是避居深山，流寇盜匪四處橫行，行程中的每時每刻，都令人膽戰心驚。如若此間出了差錯，不但性命不保，家財丟盡，恐怕連最後一點清白風骨，都不得留存。

當李清照追尋皇帝御駕，千辛萬苦趕到越州之時，宋高宗已然移駕四明（今浙江寧波）一帶。彼時，金人追殺宋高

宗的先鋒隊伍已經自建康出發。李清照待要繼續追隨朝廷，又恐途中遭遇敵寇，到那時，這滿船的古器珍玩反倒更加危險。

（銅器）不敢留家中，並寫本書寄剡。後官軍收叛卒，取去，聞盡入故李將軍家。所謂歸然獨存者，無慮十去五六矣。

—— 李清照《金石錄後序》

衡量利弊之後，李清照決意將進獻朝廷的銅器和手抄本的書籍統統寄存於剡縣，待自己輕裝簡行，追上皇帝，稟明實情後便可呈獻。豈料，就在隨後不久，朝廷的官兵在剡縣一帶捉拿叛逃的兵卒，這些銅器古籍便全部被繳沒而去，落在了一位李姓的將軍手中。

經此一番，李清照當初所謂「歸然獨存」的家藏之物，遂丟失了一半左右，其身邊所留下的便只有書畫硯墨等一些輕便可攜的物品。但值得慶幸的是，她終於在春天將盡的時候追上了朝廷，那一隻孤獨的浮舟得以加入御舟的佇列，跟隨著宋高宗前往溫州。

大約是因為李清照追隨皇帝、追隨朝廷的舉動得到了宋高宗的認可，又或者是「玉壺頒金」之類的流言已然被澄清，儘管準備獻給朝廷的銅器最終都散失了，但那些企圖橫加給趙明誠、李清照的罪名也都隨風而去。

孤雁兒—哀江南，漂泊天涯難歸

　　當宋高宗乘桴於海逃避追兵的時候，完顏兀術率領的金兵幾乎橫掠了浙東一帶。直到他們東入滄海，受到宋廷水軍的阻擊，因自知一時難以獲勝，這才下令退兵，返回臨安（位於今浙江杭州）。

　　二月間，完顏兀術因搜山檢海已畢，便帶著從江南半壁掠奪的金銀財寶還師中原，可臨行前仍不忘將明州、臨安、平江府等州城付之一炬。不過，當完顏兀術軍至鎮江，準備渡江北上時卻遭到韓世忠的阻截。雙方交戰數十回合，完顏兀術皆遭慘敗。於是，他只得溯江西上，企圖自建康渡江，不料又被追擊而來的韓世忠以八千軍力圍困於黃天蕩中，長達四十八天。若不是有奸小之徒貪賞叛變，為完顏兀術獻上了火攻海船的計策，完顏兀術恐怕就要喪命於長江灣口中。

　　黃天蕩一戰，金兵損兵折將，渡過長江後便匆匆北撤，回到了中原。由此，一路逃亡不停的大宋君臣們，終於得以真正喘歇。他們將這番海上逃亡稱之為「乙酉航海」，彷彿只是皇帝的一次出遊而已。待回到了越州後，宋高宗君臣們便準備在那裡開始所謂的大宋朝的中興。

　　到此時，李清照也終於得以暫時解脫。回想起這大半年間所遭受的喪夫之痛、誹謗之災、江湖之險，竟彷彿大夢一場，但那悲慟卻也是刻骨銘心。彼時，李清照應當在越州棲居了一段時日，也許會稽山水的溫軟、鑑湖黃酒的甘醇，多少可以撫平她身心的痛楚。

孤雁兒

世人作梅詞，下筆便俗。予試作一篇，乃知前言不妄耳。

藤床紙帳朝眠起，說不盡、無佳思。沉香斷續玉爐寒，伴我情懷如水。笛聲三弄，梅心驚破，多少春情意。

小風疏雨蕭蕭地，又催下、千行淚。吹簫人去玉樓空，腸斷與誰同倚。一枝折得，人間天上，沒個人堪寄。

清晨從竹藤床、軟紙帳中醒來，不知為何心生出一種難以言表的傷感。清寒的玉爐裡升起斷斷續續的沉香煙氣，猶如我如水一樣纏綿的情懷。是何處笛聲吹奏著〈梅花三弄〉的曲子？那枝頭的梅花乍然開放，一時間增添多少春日情意。

［宋］馬麟（傳） 梅花雙雀圖

　　門外是瀟瀟不停的細雨微風，只教人不覺淚流千行，更覺傷心。那知心人兒已去，閨閣空冷，這斷腸的愁絲又能與誰說？從今以後，再沒有人一同倚欄觀花。縱然折得一枝春梅，可人間天上，還有誰值得去贈寄？

　　李清照筆下的梅花，曾有過「香臉半開嬌旖旎」，也曾有過「紅酥肯放瓊苞碎」，都是活靈活現的，寫花似寫人的描摹。可到了這闋詞中，梅花似乎反作了陪襯。

〔宋〕馬麟 梅竹圖

206

　　李清照填詞作詩，都喜歡與前人一較高下。她總認為世人以詞寫梅花，下筆都太平庸俗氣。而今，李清照自己試作一闋，可又擔心自己也不能免俗。因為此時詞作裡的傷心愁思，比之前任何時候都要更真切、更強烈。

　　不難想見，在選擇〈孤雁兒〉這個詞牌名時，李清照的心思已經躍然紙上。此間的詞人，無論是賞看梅花，還是抒寫相思，最終都無人可寄。趙明誠的離世帶走的是李清照身為妻子、身為女人的最自然的情感寄託。

　　當然，李清照曾經也寫過更為哀愁、哀怨的閨閣情詞，可那未必是真實感情描摹，只是她的天賦才思對於人類情感的一種摹寫。但是到如今，李清照終於體會到了那無邊的悲涼。「一枝折得，人間天上，沒個人堪寄」的簡潔質樸裡，透出的反是徹骨的孤寂。

　　建炎四年（西元一一三〇年）的七月間，稍稍安穩的朝廷下達了一條詔令，命元祐黨人的子孫各自陳情，將那些未能完全追復官職贈諡的人盡復恩數，諸人的子孫也可以擇優錄用為官，而在所列及的名冊裡，黃庭堅、張耒、李格非等人均在其列。

　　這是一個徵兆。當時，朝中已經有人開始將靖康亡國的因由統統歸結於宋神宗熙寧年間王安石的新政變法，認為朝政的混亂就是從那時開始的。而對於此時的宋高宗來說，想

要從頭收拾這半壁山河，必須先要為他父親、兄長總結出亡國的教訓。尤其是當他發現，這個亡國的根源可以追溯至六十年前，甚至追責到他的曾祖父身上時，宋高宗便意識到，或許以此為契機，重新建立屬於他的朝政體系，會更為方便。

於是，當年由宋徽宗親筆寫就的元祐黨人名冊在其子宋高宗的手中，搖身一變，成了元祐忠賢名冊。而身為元祐忠賢李格非的女兒，李清照固然不會從這次的詔令裡獲益太多，但至少她的弟弟李迒可以繼續在朝中安然平穩地任職做官。想他姐弟二人，此時必然已經相聚於越州，這給一度窮途末路的李清照多少帶來了些寬慰。

待梳理了種種悲慟哀愁的情緒後，年將半百的李清照彷彿再一次打開了人生的視野。從那時起，非但她的婉約詞裡增添了一絲厚重的意蘊，她本人似乎也越來越傾向於作詩寫文，因為唯有如此，她才可以借詩文表達自己的政治見解和家國情懷。

李清照三十歲之際曾作《詞論》來表達自己對文學創作的態度，並且非常明確地表示：詞，就應繼承樂府詩歌的傳統，偏重閨閣婉約纏綿的情致；而詩與文，則要承托起家國興亡的慨嘆和興觀群怨的議論。

少年時對〈大唐中興頌碑〉的議論不過是牛刀小試，卻也足以窺見李清照的家國情懷。而今，歷經了山河破碎、倉

皇南渡、夫死家散的種種悲辛，那些一直積存於李清照心中
的興亡之嘆變得越發真切和強烈。

建炎四年（西元一一三〇年）九月，早已占領了中原諸
城的金人在大名府扶植起一個傀儡朝廷 —— 大齊。

當時，經歷了無數次大小戰爭的中原百姓逃的逃，散的
散，留居的許多人則遭受著金人殘暴的統治和壓迫，來自民
間的抗金活動一直存在。於是，金人網羅了一些宋軍的降臣
俘虜，招攬了許多潰兵強盜，試圖借助這些人去統治中原之
地。而當時被扶持上位的大齊皇帝，便是曾經的大宋濟南知
府劉豫。

劉豫在宋徽宗宣和年間曾任河北西路提刑，宋室南渡後
他因樞密使張愨的推薦知濟南府。誰承想，金將完顏撻懶領
兵攻打濟南之時，貪生怕死的劉豫竟然殺了力戰守城的驍將
關勝，投降金人，將濟南古城拱手奉上。由此，劉豫得到了
魯王完顏撻懶的信賴，也是在其力薦之下，成了所謂的大
齊皇帝，統轄黃河故道以南的河南、陝西地區。而這個大齊
國，則要對金國「世修子禮，永貢虔誠」。

詠史

> 兩漢本繼紹，新室如贅疣。
> 所以嵇中散，至死薄殷周。

　　西漢和東漢本來就是正統的承接，可中間偏偏多出一個王莽的新朝，就像人的身上長了個無用的肉瘤一樣。由此想到晉時的嵇康，寧可慷慨赴死也不改傲骨，不願效忠篡位奪權的司馬氏，也正是有此品格，嵇康甚至都瞧不起滅夏的殷湯和討伐商紂的周武王。

　　李清照極少在詞篇裡用典，可一旦用典，其對典故的掌握與運用，只怕會令多少所謂的飽學之士汗顏。而她在這首詩中將劉豫所立的大齊比作漢時的王莽新朝的典故運用可謂極其精準，而贅疣之定論更是精闢。然而，這還不足以展現李清照不同俗流的學識和見解，她竟能從嵇康〈與山巨源絕交書〉中的一句「每非湯武而薄周孔」提煉出全新的觀點，將嵇康不屑於世俗禮教的言論化作對謀朝篡位者的巨大諷刺。

　　可想而知，不獨當時之人，便是後輩文人士子，但凡品此〈詠史〉詩，無不為李清照之「女丈夫」聲調而擊掌稱讚。

　　只可惜，即便有如此見識，李清照也進不得朝堂，做不了興邦報國之事。那些士大夫們或許會為她的學識所驚詫，但也絕不會因此就將李清照當作治國之士。

　　當宋高宗和他的臣子們在越州享受著久違的太平安樂時，八百里外的淮水之濱，楚州（今江蘇淮安）城外，一場

慘烈且持久的奪城之戰正硝煙濃密。

數月前，在完顏兀術自建康黃天蕩戰敗北撤的途中，他接到了魯王完顏撻懶的求援信，稱楚州軍民堅守城池，久攻不下，希望完顏兀術能夠從旁相助。於是，完顏兀術設下南北兩屯，截斷了楚州的糧道，楚州守將趙立只得求援朝廷。

然而，此時的宋高宗因懼怕韓世忠、張浚、劉光世等人擁兵自重，不敢將三人兵力集合，與金兵決戰淮東。恰巧張浚也認為此時救援楚州乃是「徒手搏虎，並亡無益」，宋高宗遂命劉光世為節制，將岳飛、郭仲威等部交由其指揮。

劉光世在接到朝廷金字牌遞來的五道皇帝手詔、十九道樞密院劄後便北渡大江，前往救援。但他是個行事過於穩重之人，將帥營駐紮於戰場之外，只命裨將出戰，而劉光世所派部將王德等人並不願意援救楚州，一番責任推諉後又謊報戰功，隨即撤兵。當時唯一馳援楚州的，竟只有岳飛一軍。

但是，即便駐紮於敵營附近，岳飛手下也只有數千孤軍。他上書劉光世，望其能增援些兵馬糧草，助其解救楚州。可誰知，岳飛的兩道公牘都未得到回音。而楚州，終因援絕糧窮，於九月下旬被金軍攻破。

當時，儘管守將趙立已然戰死，但城中的軍民百姓仍舊按照其生前部署，在街巷之中設立磚壘，肉搏巷戰，甚至連柔弱女子都會拉拽著金兵投河，玉石俱焚；滿城百姓，至死未降。

楚州城陷的消息傳至越州行在，君臣震悼，但同時也因聞聽金兵游騎抵達長江而朝廷震恐。於是，宋高宗君臣便商議放散百官，隨時做好逃跑的準備，而民間百姓聽得風聲，已然開始驚慌逃竄。面對如此時局，李清照自是無能為力。她只能像當初趙明誠囑咐的那樣，「從眾」離去，來到了西南方四百里之外的衢州。

衢州乃「四省通衢、五路總頭」，地形複雜，山嶺眾多，且嶺穀交錯，確實是個躲避兵禍的好地方。於是，李清照便在這裡，又度過了一個相對安然的冬天。

惟有書畫硯墨，可五七簏，更不忍置他所。常在臥榻下，手自開闔。

—— 李清照《金石錄後序》

彼時，李清照身邊留存的家藏已經不多了。那些「歸然獨存者」中的三代古器、手抄本的書籍都已在剡縣被官兵收去，留下的只有幾箱子書畫硯墨。李清照再也捨不得將這些東西寄存至別處，乾脆放置在自己的床榻之下，親自保管。

又是一年正旦春日，宋高宗在越州行在領著文武百官遙拜了遠在北方的二聖，隨後下詔：取「紹奕世之宏休，興百年之丕緒」之意，改元紹興，以其年為紹興元年（西元一一三一年），升越州為紹興府。

三月春暖之時，李清照已從衢州重返越州紹興府，她的

弟弟李远也已官升一級，留在了朝中。此時的朝廷似乎萌生了又復昌盛的苗頭，從宋高宗到許多臣子，彷彿看到了什麼希望。

這大概是因為一個人的到來。而這個給予宋高宗新希望的人，便是大宋朝曾經的御史中丞，隨同宋徽宗、宋欽宗 —— 同被擄往金國的秦檜。

就在楚州之戰後不久，秦檜帶著妻兒忽然來到了紹興，出現在宋高宗的面前。他自稱是殺了監視其行蹤的金兵，搶奪小船才得以逃回朝廷的。

儘管當時朝中許多人對此都十分懷疑，但在秦檜故交、宰相范宗尹的竭力保薦下，宋高宗仍舊接納了他。而秦檜回朝後做的第一件事，便是向宋高宗呈交了南北分治的朝政方略，道是「如欲天下無事，南自南，北自北」。此議論深得宋高宗歡心，認為秦檜果然是忠義賢臣，遂任命其為禮部尚書，待這年歲初二月，又升秦檜為參知政事。

當時，街談巷議紛紛傳說，秦檜之所有能有今天的榮耀，都是靠著他那個不同尋常的夫人 —— 大宋撫州執知州事王仲岏之女，岐國公王珪之孫王氏。

對於李清照來說，她或許沒有料到，時隔多年後，自己嫡親外祖家的表妹夫會忽然會成為皇帝面前的紅人。若在常人看來，這應當是天大的喜訊，從此以往，李清照便多了一個靠山，再不用擔驚受怕，更不必流落江湖。

　　然而，李清照似乎對這個炙手可熱的親戚毫無興趣，她甚至都沒有在人前提及。也許，李清照從得知秦檜歸朝的那一刻起，就對這個所謂的朝廷忠臣充滿了懷疑。

　　秦檜其人，或許算不得什麼才子，但也還算勤勉。他幼年時隨家人遷居江寧，其父親秦敏學曾做過地方縣令，秦檜早年則是在私塾教書。宋徽宗政和五年（西元一一一五年），秦檜進士及第，補為密州教授。隨後娶妻王氏，又考中詞學兼茂科，來到東京太學任太學正，仕途還算平穩。

　　東京淪陷後，秦檜身為屬臣跟隨宋徽宗、宋欽宗一同前往北方。而此一去，他的人生道路便徹底改換了方向，竟從一個主戰派淪為搖尾求和的叛國之人。

　　初時，宋徽宗在北方聽得宋高宗即位的消息，遂命秦檜代為起草了一封書信，呈交給金兵統帥完顏宗翰，表示願派人告知宋廷繼位的新君，要將金國奉為正朔，年年納貢。雖然這封書信未能幫助宋徽宗擺脫受辱的境地，卻讓秦檜得到了完顏宗翰的青睞，而秦檜也由此成了金人的爪牙。

　　隨後，秦檜被分賜給了完顏撻懶，充任其幕僚，又一路跟隨他南侵中原，攻打江淮之地。年前金人圍攻楚州，久戰不下時，完顏撻懶曾命帳下的參謀軍事給楚州軍民寫勸降書，而這個參謀軍事，正是秦檜。

　　秦檜的此種行為，實在是讓那些剛直之士難以相信，他

真的是從金營逃回來的。尤其是他回朝後竭力慫恿宋高宗與金國和談的舉動，更讓人懷疑秦檜是受了金人指使而來。

這些年，雖然大宋朝廷一直被動挨打，君臣逃亡，但終究也沒有徹底滅亡。大宋的將士們仍舊在抗爭，中原沙場上，金人也未全然占得上風。所以，秦檜所謂的「南自南，北自北」就是金國意欲分治的企圖。

然而，不管人們如何揣測，宋高宗偏偏堅信了秦檜的忠誠，賜予其高官厚祿，對其寵信萬分。

至於李清照，雖然有了這樣一門顯赫的親眷，可她更願意躲進鄉間的小屋裡，過著獨善其身的日子。

訴衷情

夜來沉醉卸妝遲，梅萼插殘枝。酒醒熏破春睡，夢遠不成歸。

人悄悄，月依依，翠簾垂。更挼殘蕊，更撚餘香，更得些時。

昨夜一場酩酊大醉，乃至於未曾卸妝便已睡去，髮髻上還插著梅花的殘枝。那縷縷的梅香將人從酣睡中熏醒，夢中的故事一時渺茫，心中不由得泛起愁意。

此時人間悄然無聲，晴空中只有依依月色，照在那翠色的簾幕之上。此中閒情，難以消除，只得搓揉著梅花殘瓣，

撚出那花上餘香，好再消磨些時光。

記得在建康城時，雖然也有臺城煙柳、白鷺晴波的美景，可李清照當時心境全然是初渡江南的悲傷，更兼趙明誠亡於斯地，故而她對那座城的記憶，也只有城垣踏雪時的淒冷。

如今來至越州，居於會稽山下，那千岩競秀、萬壑爭流的美景令李清照不覺心襟大開。雖然每每念及往事時總有些隱痛，可在這離亂紛爭之間能尋得一種清靜，也算是老天的慰藉。

只是，李清照不曾想到，即便時勢平穩，卻總有宵小之輩惦記著她那僅存的書畫卷軸。

在會稽，卜居土民鍾氏舍。忽一夕，穴壁負五簏去。余悲慟不已，重立賞收贖。後二日，鄰人鍾復皓出十八軸求賞，故知其盜不遠矣。萬計求之，其餘遂不可出。

—— 李清照《金石錄後序》

在會稽時，李清照借住於當地一戶鍾姓的人家。誰料一天夜裡，有人在牆壁上掘了個洞，竟偷走了五筐書畫。這令李清照大為悲慟，當即決定重金懸賞，要贖回這些書畫。兩天後，果然有個叫鍾復皓的鄰居拿來了十八軸書畫以求賞金。李清照由此推斷，那個盜賊其實就在自己身邊。於是，她千方百計央求此人，只要能歸還書畫，賞金都可商量，但剩下的那些卷軸終究沒有要回來。

至此，李清照「歸然獨存」的藏品，便只剩下十之二三了，且都是些零散不全的書冊，還有幾種內容平常的書籍。可即便如此，李清照仍當心頭寶貝一樣看護著，作為僅有的寄託。然而，那心底裡的悲痛卻越發揮之不去。

自北來南，不過三年有餘。誰能想到，那滿滿當當十五車的古籍器物、書畫珍玩，就這樣散失殆盡。回想當初與丈夫趙明誠飯蔬衣練，搜集古文奇字的歲月，彼時之歡愉都成了此時之哀痛。再想起歸來堂滿架的藏品典籍，最終都付之一炬，毫無留存。李清照不覺有些迷茫，不知道自己所做的這一切，究竟有何意義。

也許，答案可以向醉裡尋，向夢裡尋，或者是向詩書裡去尋。

偶成

十五年前花月底，相從曾賦賞花詩。

今看花月渾相似，安得情懷似往時。

十五年前，也是這樣的花前月下，彼此相伴遊賞，對花吟詩。而今的花月似與當年一樣，可心中的情懷又怎能似往時？

雖然沒有撕心裂肺的呼喊，可那濃烈的傷感已從這看似平淡的詩句裡湧出。這是李清照對趙明誠的思念，亦是她對

青州時光的追憶。然而，逝去的一切終究不能重新擁有，不僅僅是那枕畔人、架上書，還有舊時情。

儘管熬過了如許多的艱難苦恨，可到了這鬢髮如霜的年紀，李清照似乎是再也支撐不住了。她無法抹殺自己身為閨中女子的本色，不管如何剛毅堅強，卻終究有那最柔弱的一面。在失去了丈夫後，李清照幾乎就失去了全部的倚仗，僅存的這份家業都要由她來扛。親友固然多，卻也各有難處，不可能事事相幫。雖然有個親弟弟，但也不可能事事替她做主。

到此時，李清照真的是身心俱疲了。

▌簾卷西風，人比黃花瘦

隨著完顏兀術在黃天蕩的戰敗，金人一舉滅宋的企圖已然不能實現，遂將戰略部署由全面進攻改為東守西攻，大批兵馬奔向了川陝。然而，當完顏兀術統帥金兵自陝赴川，途經和尚原（今陝西寶雞西南）時，遭到駐守其間的宋將吳玠、吳璘的頑強抵抗。這一戰，是完顏兀術南侵以來遭遇的最慘烈的敗仗，將士死傷大半，完顏兀術也身中流矢，甚至「剃其須髯而去」。

與此同時，因為秦檜的牽線搭橋，一心求和的宋高宗與有心議和的完顏晟達成了初步的約定。這一切，都為宋高宗偏安江南創造了有利的條件。他一面抽調精兵鎮壓荊湖、江

西、福建等路的農民起義軍和盜匪，鞏固半壁江山的統治；一面命韓世忠、岳飛、劉光世、張浚等人分別負責江淮防務，卻竭力壓制一干武將主戰的請求，只想著與金人議和。

紹興二年（西元一一三二年）的正月十四，上元節前夕。臨安的花燈早已懸掛滿城，宋高宗從剛剛升為紹興府的越州行在回到了臨安。作為五代十國之吳越國的舊時都城，臨安有著得天獨厚的地理優勢和經濟優勢：此地既有山河之險，卻又遠離江淮防線；太湖流域水土豐茂、物產豐盛，且漕運極為便捷，是大運河的起點；而再向東去亦有明州海港，仍可由海路對外往來貿易。雖然臨安古城因完顏兀術的搜山檢海而大半被毀，但只要稍待元氣恢復，這裡仍不失為江南繁華之都。

由此，宋室君臣四年的奔逃歲月終於結束了。儘管他們一直將臨安城稱作行在，也一直向百姓們表示不忘恢復中原、迎回二聖。不過更重要的是，如何將眼前這安穩的日子好好地享受下去。而此時的李清照，自然要跟隨著皇家的隊伍，跟隨著弟弟李迒，一同返回臨安定居。

然而，眼前的日子固然看似安穩，可李清照的心仍舊充滿了愁怨和痛苦。在江南的春寒料峭中，她大病了一場，甚至彷彿已經做好了與這個人世告別的準備。可是，她卻又總有一絲心念，割卻不下。

春殘

春殘何事苦思鄉，病裡梳頭恨最長。

梁燕語多終日在，薔薇風細一簾香。

［宋］馬遠 白薔薇圖

在這百花凋零、春日將盡的時節，為什麼總是會苦苦思念家鄉。病中梳頭，便越發覺得心中的恨意更加綿長。房梁上的燕子每一天都在喃喃細語，那暮春的柔風從簾外吹來，散開滿屋子薔薇花的香氣。

儘管已是春殘之時，但對於江南來說，現在恐怕才是最

好的時節。潮溼綿密的春雨終於散盡，卻又尚未入夏，氣候格外舒暢、明朗。病中的李清照固然有著難挨的思鄉之情，但不覺被梁間燕子、簾外花香給熏軟了。

這似乎是李清照僅有的一首帶著些柔情的詩，全不見〈烏江〉的慷慨，亦沒有〈詠史〉的犀利，倒是含著易安詞的婉約之氣。彷彿李清照原是想填一闋詞的，卻不知出於什麼緣故，最後只湊成了這樣一首似未完結的詩。

這一年春天當是李清照身心狀態最為虛弱的一年。南渡以來的重重磨難似乎終於都結束了，但幾乎也帶走了她這一生最鍾愛的人與物。到此時，彷彿詩書也不能慰藉傷痕累累的心境。李清照需要一個依靠，可以讓她安然度過最後的人生。可是，公婆爹娘俱歿，丈夫亡故，膝下更無一兒半女操持家業。與夫家的兩位兄長之間的往來也不熱切，弟弟李迒倒還算有心，能夠一直在身邊扶持，但終究不是長久之計。

在這最後一點江南春色裡，李清照不禁想到了最後的一個出路：再嫁。

彼時女子再嫁，算不得什麼大事。上至官宦貴婦，下至庶民女子，多有夫死改嫁或和離再嫁的。如今，趙明誠亡故兩年有餘，二十七個月的喪期已過，李清照若想再結良緣，於禮於法，都是可以的。

只是，別家女子再嫁，多半正值青春，所謂男女大欲，聖人難禁。而此時的李清照年屆五旬，若要再嫁，只怕要惹

人非議。可若是不嫁，又擔心後半生難有著落。

正在這兩難之際，一個名叫張汝舟的男人出現了。

比起先夫趙明誠，張汝舟的身分門第可謂微寒。他本是個尋常書生，幾度赴考都未能得中，一身白衣，最終只在池陽軍中謀得一個小吏之職。彼時朝中有一條例，但凡多次應舉而不中，又滿了一定年歲之人，可上奏朝廷，以「特奏名」的身分謀得官銜。故此，張汝舟至今春方才得了一個區區承奉郎的散官官銜。要知道，大宋朝官階總共三十，而這承奉郎列於第二十九。

雖然如此，張汝舟求親的意願還算誠懇。他呈上了所有的身分文書，又送來了些許聘禮，甚至可能不斷地表達著自己對易安居士才女之名的仰慕，顯得極為鄭重。弟弟李迒認為此事可行，而李清照也不由思忖：若嫁得此人，非但餘生有靠，也能減輕弟弟的負擔，當是兩全其美。就這樣，李清照決定再嫁。

李清照下嫁張汝舟，大約是在紹興二年（西元一一三二年）的仲夏之際，臨安城內的薔薇花應當還未落盡。那一段時日究竟是怎樣的情形，恐怕世人都不得而知了。只不過，當人們聽到前朝宰輔清憲公趙挺之的兒媳、堂堂郡守之妻、當世才女李清照於半百年紀再嫁，一定會當作茶餘飯後的熱議話題。

　　至於李清照，或許也曾因為世人非議而心中忐忑，但從來意志堅定的她，還是努力坦然地面對這一切。李清照所希望的，就是不必繼續承受漂泊之苦，讓自己灰暗的餘生裡可以有一點足夠依偎的光亮。可是，她卻沒有料到，張汝舟才是那個徹底撲滅她殘喘的希望的人。

　　是年八月，秋來風涼之時，李清照一紙訴狀，將第二任丈夫張汝舟告上了公堂，稱其「妄增舉數入官」（謊報赴考應舉的次數以謀得「特奏名」的官職）。這是欺瞞朝廷的大罪，一旦判定，張汝舟不僅會丟官罷職，更會被流放嶺南，回朝無望。至於李清照，即便她有揭發之功，但以妻告夫，按大宋律例，亦有兩年牢獄之災。

　　然而，這些李清照都不在乎。她似乎是抱定了蘭艾同焚的心態，要與張汝舟斷絕關係。

　　紹興二年（西元一一三二年）的九月初一，右承奉郎、監諸軍審計司屬吏張汝舟妻李氏訟其妄增舉數入官一案有了判決，張汝舟被褫奪官職，流放至柳州。而張汝舟與李清照的夫妻關係也就此告結，判定離異。唯一值得慶幸的是，李清照並未因此入牢坐監。她只是在訴訟期間被關押了九天，隨著案件的結束，終得平安歸家。

　　但是，李清照知道，她這一生的名節，都將因此而蒙受塵垢。而在她寫給一度鼎力相助救其出獄的遠親，時任翰林學士的綦崇禮的信中，將自己此番的遭遇與心境剖訴無遺。

投內翰綦公崇禮啟

　　清照啟：素習義方，粗明詩禮。近因疾病，欲至膏肓，牛蟻不分，灰釘已具。嘗藥雖存弱弟，應門惟有老兵。既爾蒼皇，因成造次。信彼如簧之說，惑茲似錦之言。弟既可欺，持官文書來輒信；身幾欲死，非玉鏡架亦安知？佢俛難言，優柔莫訣，呻吟未定，強以同歸。視聽才分，實難共處，忍以桑榆之晚節，配茲駔儈之下才。

　　身既懷臭之可嫌，惟求脫去；彼素抱璧之將往，決欲殺之。遂肆侵凌，日加毆擊，可念劉伶之肋，難勝石勒之拳。局天扣地，敢效談娘之善訴；升堂入室，素非李赤之甘心。

　　外援難求，自陳何害，豈期末事，乃得上聞。取自宸衷，付之廷尉。被桎梏而置對，同凶醜以陳詞。豈惟賈生羞絳灌為伍，何啻老子與韓非同傳。但祈脫死，莫望償金。友兄橫者十旬，蓋非天降；居囹圄者九日，豈是人為！抵雀捐金，利當安往；將頭碎璧，失固可知。實自謬愚，分知獄市。

　　此蓋伏遇內翰承旨，縉紳望族，冠蓋清流，日下無雙，人間第一。奉天克復，本緣陸贄之詞；淮蔡底平，實以會昌之詔。哀憐無告，雖未解驂；感戴鴻恩，如真出己。故茲白首，得免丹書。

　　清照敢不省過知慚，捫心識愧。責全責智，已難逃萬世之譏；敗德敗名，何以見中朝之士。雖南山之竹，豈能窮多口之談；惟智者之言，可以止無根之謗。高鵬尺鷃，本異升沉；

火鼠冰蠶，難同嗜好。達人共悉，童子皆知。願賜品題，與
加湔洗。誓當布衣蔬食，溫故知新。再見江山，依舊一瓶一缽；
重歸畎畝，更須三沐三薰。忝在葭莩。敢茲塵瀆。

　　實際上，在決定以訴訟之法與張汝舟離異的那一刻起，
李清照早已預見了自己的結局。這一封信，或許對她和張汝
舟的婚姻實情有著些許誇張的成分，但素來坦蕩的李清照，
也從未有為自身粉飾之心。

　　李清照知道，身為一個詩書之家出身的女子，此番再嫁
確實是她做出的一個錯誤的決定。然而，回想當時境況，自
己心力交瘁，又身在病中，渾渾噩噩已到了牛蟻不分的地
步，甚至連一死了之的心都有了。彼時留在李清照身邊的，
只有弟弟李迒和一個看門的老僕，她唯一期盼的，不過是有
個可以依傍的人。

　　而張汝舟便是在那倉促之間出現的人，也終究導致李清
照做出了草率的決定。是她自己輕信了張汝舟巧舌如簧般的
說辭與所謂的甜言蜜語，而李迒入世不深，閱歷太淺，見張
汝舟有個小官文憑便也就相信了。在那般境地下，雖然李清
照心底裡也曾猶豫彷徨，但最終還是答應了這門婚事。誰知
道，成婚之後與張汝舟言談交往，才發覺此人與自己並非同
道，根本難以相處。想李清照一生清白，怎能忍受晚年時卻
要與這樣一個如掮客般庸俗醜陋的人共度餘生？

　　李清照原是個直爽剛烈之人，既然明知陷此汙穢，又怎不希望早些脫身。而張汝舟似乎也已算定，要誆騙李清照手中僅存的書畫古玩，甚至不惜動了害人之心。在婚後的那段時間，張汝舟時常對李清照辱罵毆打，而李清照怎可忍受如此不公，縱是破釜沉舟，也要發出反抗之聲。

　　自古以來，清官難斷家務事。李清照亦深知，自己的這一場控訴實在是有違常情，可她已然抱定了玉石俱焚的決心，哪怕戴著鐐銬與張汝舟當堂對質，哪怕身入囹圄，她也毫不在乎。只要能斷絕了這門婚姻，離開張汝舟這個惡徒，其他的李清照都不再奢求了。

　　李清照知道，與張汝舟百餘日的婚姻是老天爺降予她的災禍，而自己在監牢中的那九天時光不過是自作自受而已。為了與丈夫離異而身入牢獄，儘管這看起來十分愚蠢，可李清照選擇這樣做，是對其中利害早已心中分明。

　　如若說李清照是幸運的，那便是她得到了綦崇禮的幫助，能夠為她出面說情，免去了牢獄之災。想李清照也是官宦之後，舊時的東京城中也多有親眷故交，誰能料到，在此危難時刻，這些人中唯有綦崇禮願意施以援手，終使其免去了兩年的牢獄之災。

　　綦崇禮的大恩大德，李清照將銘記於心，但她更為憂懼的是由此招來的身後罵名。張汝舟用心固然險惡，可捫心自

問，李清照也深知自己這一步走錯，便注定了後世無盡的譏諷與嘲弄。晚年改嫁已有不妥，結果又生出訴訟離異的醜聞，敗德敗行，可謂無顏見人。

李清照想得很清楚，她無力阻止萬千之口的非議，只希望綦崇禮這樣的智者能夠多少體諒她的苦衷，使她免遭過度的誹謗。唯有如此，她才能重新振作，開始好好地面對餘生，哪怕是從此布衣素食，回歸到一簞食一瓢飲的隱逸生活。

也許，再嫁張汝舟、復又訴訟離異確實曾將李清照推入了一個看似萬劫難復的漩渦。然而，小人張汝舟卻用一種庸俗膚淺的惡，逼迫李清照迸發出了心底裡那堅毅、強大的力量，終在那無盡的黑暗中，用一己之力，撕裂出一線光明的天地。

曾經的山河破碎、夫死家散，似乎都是李清照無能為力的事情。儘管她一直那樣堅強，不論何時何地，都勉力支撐著克服了種種艱難，可細究起來，這些也都是李清照在默然地接受命運的安排。直到此時此境，在男人們自詡的知天命之年，李清照彷彿也找到了自己的天命：無論是天作孽還是自作孽，既然命運已經迎面走來，哪怕是頭破血流，也要開出一條新路。

回想前半生，李清照的才名為她贏得了無數關注。如今，年老的孀婦再嫁他人，卻又於三月之後狀告丈夫訴訟離婚。往昔的那些光環會化作世人最洶湧的非議與嘲笑，甚至

是唾棄。可是，李清照不會畏懼。

如果李清照在信中同綦崇禮所訴說的苦衷都是實情，那她稱頌綦崇禮「日下無雙，人間第一」的八個字，已然表明了自己落魄無依的處境。可以想見，當李清照狀告張汝舟被羈監牢之時，一定有人在為救助她而奔走，除了弟弟李迒，或許還有一些舊時親眷。只不過，這些人當時的實力和能力都不及綦崇禮罷了。

譬如趙家。自趙明誠離世之後，李清照似乎便與趙家失去了聯繫，尤其是在鬧出「玉壺頒金」一事後。當李清照輾轉江南、追逐朝廷的時候，她想到的也僅僅是去投奔弟弟李迒。縱然是李清照不願意和趙明誠的兄長們往來，可此事畢竟關乎趙家聲名，為何在整個過程中總未見一點趙存誠與趙思誠的身影？而今，李清照再嫁張汝舟旋又訴訟離異，如此大事，似乎趙家人也未曾表態。莫非，其中另有隱情？

實際上，當時遠在廣州的長兄趙存誠已然病重，旋即離世。趙存誠的妻兒親眷恐怕也無暇顧及李清照改嫁之事。至於時任起居郎的次兄趙思誠，似乎也因此選擇了沉默。又或者，他們心裡都明白，這個一向主意堅定的李家弟媳婦的事，實在也由不得他們做主。

至於綦崇禮，他與趙家本是遠親故交，他的出面多多少少當有舊時情誼的緣故。只不過，縱然他替李清照免去了牢

獄之苦，終究不能替她洗去世俗的非議與羞辱。

《禮記》云：「好學近乎知，力行近乎仁，知恥近乎勇。」自古以來，能夠明白這三件事的人都是智者、仁者與勇者，故而他們也就能明白該如何修身、治人，最後亦可治天下國家。這看起來本是那些文人士大夫的事情，但如今，倒是可以成為李清照的座右銘。

從今而後，李清照仍要做回那個名震京城的李清照。哪怕在此之間，她仍需要經歷漫漫的清冷時光，需要付出比常人更多的努力。

醉花陰

薄霧濃雲愁永晝，瑞腦銷金獸。佳節又重陽，玉枕紗櫥，半夜涼初透。

東籬把酒黃昏後，有暗香盈袖。莫道不銷魂，簾卷西風，人比黃花瘦。

薄霧彌漫，濃雲密布，這長長的日子顯得如此愁煩。龍腦香自金獸香爐中緩緩升騰，不覺又是重陽佳節。睡臥在玉枕紗帳之中，半夜時的涼氣幾乎將身心浸透。

小院東籬邊，舉杯飲酒直到黃昏之後。不知不覺間，淡淡的菊瓣清香已然盈滿雙袖。不要說這初秋景致並不令人傷情，西風吹卷起簾幕，簾內的人兒比那黃花更加清瘦。

［宋］朱紹宗 菊叢飛蝶圖

在試圖用新的婚姻擺脫困境、擺脫孤寂卻最終落得傷痕累累之後，李清照心中的淒冷便進入了一種奇妙的情境。三十多年前的那個簾內少女，關心的還是海棠花的綠肥紅瘦；三十多年後的簾後老嫗，已經比清淡菊花還要消瘦。三十年前的少女儘管有些小小的春愁，卻仍透著青春的俏皮和靈動；三十年後的老嫗縱然有些孤單清冷，但她似乎更願意守著這份寂寞哀愁。

儘管李清照曾將自己暗喻為「此花不與群花比」的梅花，也曾比擬為「自是花中第一流」的桂花，但是，每當她遇著生命裡的坎坷艱難時，似乎都更願意用菊花來撫平心靈。似乎再孤寂難挨的時光，只要有酒有菊，她便可以換取暗香盈袖的自得其樂，她還能做回那個「倚南窗以寄傲，審容膝之易安」的易安居士。

這大概就是李清照的命運：在她最脆弱的時候，偏偏安

排了一場噩夢般的遭遇。上天似乎並不想讓才女李清照能夠安穩平順，就像它曾經對待李白、杜甫、柳永、蘇軾那般，總要經受了人生的大起大落，才能創作出更華彩的篇章。儘管李清照晚年的作品中少了許多舊時的清晰明確的樂觀態度，但卻用更深沉的平靜表達出對人生的體悟。或許，此時的李清照已然不再需要那些自我勉勵的言語，無論即將面對的一切是喜是樂，是哀是悲，她都可以淡然處之，猶如那東籬菊花。

攤破浣溪沙

病起蕭蕭兩鬢華，臥看殘月上窗紗。豆蔻連梢煎熟水，莫分茶。

枕上詩書閒處好，門前風景雨來佳。終日向人多醞藉，木犀花。

一場老病之後，不覺兩鬢稀疏更添了許多白髮。躺臥在床榻上，看著那一彎殘月慢慢地照上窗紗。將連梢的豆蔻煎成沸騰的湯藥來飲用，到此時，哪裡還需像往日那般，只為博個樂趣而窗下分茶。

倚靠在枕上，悠閒地讀些詩書，這樣的光陰恐怕是最好不過的。一場雨過，反覺那門前景致更佳。這每日裡在深院中陪我度過時光的，不是別個，便是那枝頭剛剛綻放的木樨花。

在與張汝舟離異後的大半載光陰裡，李清照似乎是主動將自己隱藏了起來。她悄然地待在臨安城內的寄居之所，過著飲酒賞花、讀書分茶的緩慢日子。她需要時間去忘卻往昔的種種傷痛與不堪，也需要重新收拾起對未來生活的希冀。她可能也會希望世人能在這一長段的日子裡，將她那不堪的故事暫時忘記，待有朝一日，她重新走出家門時，還能成為一個依然讓世人矚目的才女李清照。

不過令人好奇的是，在這一場幾乎關係到李清照生死清白、半生榮辱的大事裡，她似乎從來也沒有想過去求助那個有著直系血親關係的表妹王氏和表妹夫秦檜。事實上，就在李清照身陷囹圄之時，偏安江南的大宋朝廷上正開展著一場小小的權勢爭鬥。

自秦檜受到宋高宗寵信後，他在朝中收攬黨羽，企圖掌控朝廷。而當時主持外事，受命都督江、淮、荊、浙諸軍事的呂頤浩對秦檜極為不滿，遂謀劃將其逐出朝廷。

在呂頤浩的授意下，殿中侍御史黃龜年彈劾秦檜專主和議、破壞恢復，更在朝中結黨營私，甚至把秦檜比作王莽、董卓之輩。秦檜自然也不甘示弱，擢用胡安國、張燾等人，試圖排擠呂頤浩。在雙方你來我往的無休止的爭鬥中，最終幫助宋高宗一錘定音的，恰是綦崇禮。

這年八月間，綦崇禮在被宋高宗召入宮之時，趁機呈上

了秦檜所寫的策論。宋高宗由此才發現，秦檜為了實施所謂的「南自南，北自北」的方略，竟提出「南人歸南，北人歸北」的法子。

這大大刺痛了宋高宗的心，他不由感慨，自己身為北人，難道也要回到北方去？而等他看到秦檜曾有「為相數月，可聳動天下」的言論時，便越發惱火。為了彈壓住秦檜的囂張氣焰，宋高宗罷去了秦檜剛剛到手一年的右相之位，任其為觀文殿學士，提舉江州太平觀。而綦崇禮則將宋高宗對秦檜的指責寫入訓辭，布告天下。

這大約是當時令許多主戰派振奮不已的消息，同時也讓人不再奇怪，為何當時的綦崇禮能有如此大的權力，竟可以為李清照免去兩年的刑獄。不過，想當時臨安城內的人們，在議論李清照改嫁、離異這一新奇之事外，似乎又多了一個話題：剛剛安穩了的朝廷到底作何打算？是要力主開戰，收復中原，還是忍辱偷生，偏安一隅？那些南遷的北人，究竟什麼時候才能回到故土？

孤雁兒—哀江南，漂泊天涯難歸

聲聲慢

——尋覓處，淒淒慘慘戚戚

▌物是人非事事休

轉眼已是紹興三年（西元一一三三年）的正月初一，臨安城內的宋高宗照舊率領百官遙拜了父兄，也不接受朝賀，就此度過了又一年的新春。儘管這些時月與金人常有奪城之戰，但大都在北方諸地，此時的江南倒是顯得越發太平祥和了。

正月初四，襄陽鎮撫使李橫率軍北攻偽齊，大破潁順軍，拿下了潁昌府（今河南許昌），直逼東京城。偽齊皇帝劉豫聽得消息，急忙向金國求援，完顏兀術親自率軍援救。彼時，李橫也曾向大宋朝廷上報，懇請馳援，而宋廷雖然允諾，卻遲遲未能發兵。最終，不但是潁昌府得而復失，李衡控制的襄漢六郡也被偽齊占領。

當時，占據了襄漢關口的偽齊溯江北上可以攻打川蜀，順江南下則可直取吳越，臨安城中宋高宗的皇位頓時有些坐得不太穩當了。然而，即便如此，朝廷也沒有想著速速派兵奪回六郡，反而決定遣使入金議和。而這位被宋高宗委以重任的人，正是前朝宰輔、儀國公韓忠彥之孫韓肖冑。

這年三月，韓肖冑拜為端明殿學士、同簽書樞密院事，充通問使，奉命前往金國。他的副使乃是工部尚書胡松年。在韓肖冑看來，經過數年的拉鋸之戰，宋金兩國當政者心中皆已明白：金欲滅宋，一時難成；宋欲北伐，恐也無望。此

時境況，不如議和，兩下相安為好，免得時時開戰，南北百姓終日惶惶不得安生。當然，韓肖冑也非常機警地提醒宋高宗，即便是議和也是權宜之計。他日國家安強，軍聲大振，誓當一雪靖康之恥。

顯而易見，韓肖冑的言論完完全全符合了此時宋高宗的心中所想。宋高宗已然不願再陷於戰爭，若是一時失利，再被金兵追得四海逃竄，豈不痛苦？但是，宋高宗也不願意背負起背祖忘宗的罪名，父兄母妻皆在金國為奴為僕，受盡羞辱，他怎能不將雪恥復國的口號掛在嘴邊？

為此，宋高宗特意拔擢了韓肖冑與胡松年二人的子孫，有官職的升遷，無官職的授予初品官，韓肖冑的母親亦被封為榮國夫人。只盼著韓肖冑此去能促成議和，宋金兩國就此休戰。

從三月間任韓肖冑為使臣，到五月間出使隊伍離開臨安，兩個月裡，不知有多少文臣武將、名士學子給韓肖冑遞上了文章策論，希望能為其出使金國出謀劃策，更多的也是為了表達自己對家國之事的看法。但令韓肖冑全然沒有想到的是，李清照的名字竟然也出現在了這些雪片一樣的投帖之中。

紹興癸丑五月，樞密韓公、工部尚書胡公使虜，通兩宮也。有易安室者，父祖皆出韓公門下，今家世淪替，子姓寒

微，不敢望公之車塵。又貧病，但神明未衰落。見此大號令，
不能忘言，作古、律詩各一章，以寄區區之意，以待采詩者雲。

       —— 李清照〈上樞密韓公、工部尚書胡公〉

  久居深宅的李清照大約是聽到了韓肖冑和胡松年出使金
國的消息，很有可能見到被金人擄走的宋徽宗、宋欽宗，這
讓她百感交集。想李清照祖、父兩代都與韓家頗有淵源，如
今李家已經衰落，子孫輩也沒有什麼人出仕為官，遠離了朝
堂，可韓家卻仍在為國效命。儘管李清照也已老病，但精神
心氣仍在，面對如此朝廷大事，她不能不一吐心懷。於是，
李清照呈獻上了一首古詩、一首律詩，希望這片心聲能得到
朝廷的採納。

  三年夏六月，天子視朝久。
  凝旒望南雲，垂衣思北狩。
  如聞帝若曰，嶽牧與群後。
  賢寧無半千，運已遇陽九。
  勿勒燕然銘，勿種金城柳。
  豈無純孝臣，識此霜露悲。
  何必羹舍肉，便可車載脂。
  土地非所惜，玉帛如塵泥。
  誰當可將命，幣厚詞益卑。

       —— 李清照〈上樞密韓公、工部尚書胡公〉

在寫給韓肖冑的詩中，李清照稱自己是「閭閻嫠婦亦何如，瀝血投書干記室」。因為此時的她，只有這樣一個單純的身分：她沒有任何資格成為議論朝政的臣子，雖然滿腹才華卻也不能被當作士子書生。李清照心裡也明白，無論是當今的皇帝還是即將出使金國的韓肖冑，他們的骨子裡都是不折不扣的主和派。多少剛直的臣子尚不能勸諫，區區一個老邁的婦人又該如何表達自己的主張？

然而，李清照終歸還是那個不懼權威、勇於挑戰的凌厲女子。她就是要用自己斐然的才華，去寫就這樣一篇看似不可能的詩章。

自開篇起，李清照一直在歌頌宋高宗的功績，稱此番遣使入京乃是當今思念父母兄弟的仁孝。而正是因為這種仁孝，才使得宋高宗不願與金國開戰。他不在乎那些勒石燕然山的軍事功業，他也不希望因為看見北國的柳條而傷懷，他只想做個純孝之人，以保全父母家國的安寧。

這些詞句，看起來是對宋高宗一心議和的粉飾，實則包含著無盡的諷刺：一國之君，堂堂男兒，竟然毫無鬥志，只靠著仁孝幌子，就能在半壁江山裡安然偷生。

據說，韓肖冑出行前，宋高宗曾親自叮嚀：此番出使，不須與金人計較，言語要謙卑，哪怕多送些厚禮，只要能達成議和，歲幣、歲貢之類都可以不在乎。而李清照之「土地

非所惜，玉帛如塵泥。誰當可將命，幣厚詞益卑」正是對宋
高宗此舉最大的嘲諷。

在這首泱泱三十餘行的古詩裡，李清照使用了大量的歷
史典故去比擬此時的局勢，儘管字字句句看起來都是在維護
朝廷的面子，卻也真真切切地在表達自己渴望北歸的衷心。

> 嫠家父祖生齊魯，位下名高人比數。
> 當時稷下縱談時，猶記人揮汗成雨。
> 子孫南渡今幾年，飄流遂與流人伍。
> 欲將血淚寄山河，去灑東山一抔土。
>
> ── 李清照〈上樞密韓公、工部尚書胡公〉

李清照本是生於齊魯大地的女兒，她的祖父、父親雖然
不是高官，卻也是文章清流的名士。齊魯之地自古就是文人
薈萃之所，誰承想一朝南渡，子孫後代都成了飄零江湖的
人。李清照寫下這血淚詩篇，所期望的便是能夠回到故鄉，
再捧一抔東山之土。

儘管李清照只是從自己的家世引入了子孫南渡後的飄
泊，但實際上，從宋高宗到韓肖冑再到朝中文武，又有幾個
不是南來之人？難道大家真的甘心從此偏安江南？

李清照寫給韓肖冑的詩，與其說是一個孤老的嫠婦在同
尊者傾訴思鄉的苦楚，不如說，這就是一個忠貞堅毅的文人
在向朝廷諫言。彷彿從這一刻起，李清照徹底轉換了自己的

身分——自從少年成名後，李清照身上所背負的不過是才女之名，她寫詩填詞為的是傳達女兒幽情，增添閨中樂趣。儘管李清照數十年來一直試圖在讀書人的世界裡為自己尋一個可以安身立命的角落，可歸根究底，她似乎從始至終都未能完全擺脫身為女子的困境。

然而，就在與張汝舟訴訟離異之後，就在李清照不得不承受起身為女人所遭遇的最可怕的汙名之時，她的人生竟由此得到了昇華，她的境界也變得前所未有的開闊。

沉寂了數月之後，李清照非但沒有在人們的嘲諷中消沉下去，更沒有產生半點含含混混了此一生的打算。她變得越發從容，變得格外堅毅，她甚至開始真的觸碰那些本專屬於男人的權利——她是以詩詞寫真情的才女李清照，更是一個以文章論天下的文人李易安。

可惜的是，縱然李清照寫給韓肖冑的詩可以打動這位通問使，也最終改變不了家國的命運。六個月後，韓肖冑出使歸來，隨行的還有金國回訪的使節。這是自宋室南渡以來，宋金兩國第一次互通使者。儘管早前宋高宗曾幾次遣使入金，卻都沒有得到所期望的回應，而今兩國議和終於有了實質性的進展，哪怕這一切是用廣袤的中原大地和無數百姓血淚換來的。

紹興四年（西元一一三四年）的春天，已成為鎮南軍承宣使、江南西路沿江制置使的岳飛向宋高宗呈上了《乞復襄

陽劄子》。自前番得到宋高宗召見，手書「精忠岳飛」四字
制旗以賜，岳飛在朝中的地位與聲望已然漸起。果然，他的
奏議得到了朝廷的許可，宋高宗准許其帶兵收復被偽齊劉豫
占去的襄陽六郡，但仍不忘警示岳飛，只管收復六郡，絕不
可引兵北伐，更不能有收復東京之議。

　　岳飛收復襄漢，又攻取了被偽齊所控制的唐州和信陽
軍，這是宋室南渡後前所未有的勝利。在這短暫的和平與歡
欣中，李清照似乎也終於釐清了人生中的種種傷痛，開始整
理趙明誠留下的《金石錄》書稿。

　　今日忽閱此書，如見故人。因憶侯在東萊靜治堂，裝卷
初就，芸簽縹帶，束十卷作一帙。每日晚吏散，輒校勘二卷，
題跋一卷。此二千卷，有題跋者五百二卷耳。今手澤如新，
而墓木已拱，悲夫！

　　昔蕭繹江陵陷沒，不惜國亡，而毀裂書畫。楊廣江都傾
覆，不悲身死，而復取圖書。豈人性之所著，死生不能忘之
歟。或者天意以餘菲薄，不足以享此尤物耶。抑亦死者有知，
猶斤斤愛惜，不肯留在人間耶。何得之艱而失之易也。

　　　　　　　　　　　　　　　—— 李清照《金石錄後序》

　　八月初一這日，李清照在最終裝幀成冊的《金石錄》後
題寫下序言，將她與趙明誠三十年詩書為伴、金石為樂的
生活一一記敘。她翻閱著累累卷冊，想起了趙明誠在萊州

任上時書稿初成的情形，想起了趙明誠夜夜校勘、題跋的情形。如今，這些手跡依然如新，可趙明誠墳前的樹木已能合抱了。

最讓李清照難以釋懷的，便是家藏珍品的散失。想梁元帝蕭繹在都城江陵陷落時一把火燒掉了所藏十四萬冊的書籍，隋煬帝楊廣在江都覆滅時還一心要把被唐軍奪走的書搶回來，李清照不由感嘆，難道世人的執著真的可以超越生死，念念不忘嗎？如此說來，是不是因為李清照才德菲薄，才不配擁有這些珍物？又或者是趙明誠泉下想念，斤斤愛惜，才不肯讓它們留在人間？難道天下之物，都是這樣得來艱難而失去卻極為容易？

至此，李清照不覺想起去歲秋天的時候，姨表兄謝克家曾遣人告知，他在臨安法慧寺內見到了趙明誠舊時所藏的蔡襄《進謝御賜詩卷》。那當是李清照寄居在紹興時被鐘氏那夥賊人偷盜而去的，只可惜，如今已另屬他人。

李清照為此嘆息了許久，可轉念再想，那《進謝御賜詩卷》原本是米芾先生的，後來才被送與趙明誠父子收藏。而今，不過又換作他人藏物而已，又何必太過傷懷。就這樣，李清照陡然領悟了一則人生要理。

嗚呼，余自少陸機作賦之二年，至過蘧瑗知非之兩歲，三十四年之間，憂患得失，何其多矣！然有有必有無，有聚

必有散，乃理之常。人亡弓，人得之，又胡足道！所以區區
記其終始者，亦欲為後世好古博雅者之戒雲。

—— 李清照《金石錄後序》

　　從十九歲嫁入趙家到五十二歲孤老無依，在這條忽之
間，李清照看過了自己三十四年的人生，也參悟了憂患得失
的道理。一件東西丟了，自然會有重新得到它的人，又何必
太過計較。

　　這是李清照對往事的追憶與感嘆，也是她對自我的拷問
與反省。她寫在這篇《金石錄後序》裡最終的詞句，實則是
想給後來者留下一點警醒。

　　然而，《金石錄後序》方才寫罷，江淮之上，烽煙又起。

　　雖然此時宋金兩國正在議和之中，但於金國而言，時常
以武力打擊一下宋人才能彰顯其強大，才可在談判中占據優
勢。因為岳飛收復了襄漢之地，偽齊劉豫便又再度求援金
國，與完顏兀朮的五萬人馬合兵南下，分兩路攻宋。

　　身為金國的主戰派，完顏兀朮對兩國間所謂的和平毫不
在意，他最渴望的就是直取臨安，徹底滅宋。九月間，金將
萬夫長聶兒孛堇所率前鋒攻克楚州，韓世忠兵馬退守鎮江
（今屬江蘇）。趙構一面急遣工部侍郎魏良臣赴金營乞和，
一面又命韓世忠坐鎮揚州，抵禦金兵渡江，兩國對峙於長江
岸邊。

當魏良臣等人路過揚州前往金營時，韓世忠假意下令，命全軍避守江南，準備隨時回師鎮江。那魏良臣見此，便在與金人談判時表明了宋軍無心開戰、退守鎮江之意。聶兒孛堇聽此，遂命數百騎兵直趨揚州附近的江口，進至揚州大儀鎮。

豈知，韓世忠早已算定金人行動，帶著精銳兵馬於大儀鎮的沼澤地域設下二十餘處埋伏。韓世忠率輕騎挑戰誘敵，將金軍誘入伏擊區。金人在沼澤泥潭之中無法施展弓刀，遂被韓世忠一舉圍殲。

此一戰後，宋軍擊敗金軍南侵的前哨部隊，俘金將士兩百餘人，士氣大振。完顏兀術見此，遂率兵轉攻淮西，又遭岳飛部將牛皋等人阻擊，被困竹墊鎮（今江蘇盱眙縣東南）。正在此時，北方傳來金太宗完顏晟病重的消息，金國為皇位繼承人一事朝中生亂，完顏兀術只得引兵撤退。

大儀鎮之役的捷報傳到臨安時，滿朝文武皆上奏稱賀，認為這是自建炎南渡以來，宋軍首次迎敵一戰，竟連連大捷，挫敗金人鋒芒，厥功至偉。

宋高宗為此對韓世忠等人大行嘉獎，臨安城中一時歌舞昇平。只不過，這樣的場景李清照卻沒有看見。此時，她正在婺州金華（今浙江金華）的小屋裡，興致勃勃地寫著她的《打馬圖經》。

予性喜博，凡所謂博者皆耽之，晝夜每忘寢食。但平生隨多寡未嘗不進者何？精而已。自南渡來流離遷徙，盡散博具，故罕為之，然實未嘗忘於胸中也。

今年冬十月朔，聞淮上警報。江浙之人，自東走西，自南走北，居山林者謀入城市，居城市者謀入山林，旁午絡繹，莫卜所之。易安居士亦自臨安泝流，涉嚴灘之險，抵金華，卜居陳氏第。乍釋舟楫而見軒窗。意頗適然。更長燭明，奈此良夜乎。於是乎博弈之事講矣。

—— 李清照〈打馬圖經序〉

儘管此番兩國交戰，金人的兵鋒並未侵入臨安，但李清照顯然不願再度遭受離亂奔波之苦。彼時，趙明誠的妹夫李擢改任婺州太守，李清照遂於戰事初起前往金華避亂。在這裡，李清照尋回了一段舊時的安逸，也勾起了許多閒情逸致。

李清照自少年時便喜歡博戲，每每遊戲，幾乎廢寢忘食，而且每戰必贏。若問這其中緣故，都是因為她太精於此道了。可自從南渡後，顛沛流離，居無定所，那些博戲的物什都丟失了，故而也玩得少了。但是，那些遊戲的技巧路數，李清照一直未忘。

自從十月初金兵南犯，棲居於江浙一帶的百姓們都爭相逃命。那住在東面的往西面去，居於南面的則往北面跑，鄉間的人想著去城裡，城裡人卻要逃亡山林，如此紛亂無措，實在令人不安。

　　而此時，李清照在金華覓得了一處安居之所，不覺心中
暢然。夜闌人靜時，更覺燭火明亮，李清照心念陡起，決意
將這一生最愛的打馬博戲的心得技巧撰寫成文。她不但編
著了《打馬圖經》，又作〈打馬賦〉和〈打馬圖經序〉以為
闡釋。

　　（打馬）實博弈之上流，乃閨房之雅戲。齊驅驥騄，疑
穆王萬里之行；間列玄黃，類楊氏五家之隊。珊珊佩響，方
驚玉蹬之敲；落落星羅，急見連錢之碎。若乃吳江楓冷，胡
山葉飛；玉門關閉，沙苑草肥；臨波不渡，似惜障泥。或出
入用奇，有類昆陽之戰；或優遊仗義，正如涿鹿之師。或聞
望久高，脫復庾郎之失；或聲名素昧，便同癡叔之奇。

—— 李清照〈打馬賦〉

　　李清照認為，打馬是博弈遊戲中的上品，亦是閨房中的
雅趣閒情。每每博戲之時，眾人一同上陣，好似周穆王萬里
之行的馬隊；那些相間排列、顏色各異的馬棋，則如同楊貴
妃姊妹五人乘馬出行。打落棋子時的聲響猶如環佩叮咚，那
是對方敲響了玉鐙，要打馬出陣了；此時散落滿盤的馬棋邊
好像群星羅列，一時紛紛散開。

　　在打馬博戲中，有的人受挫落敗，就好比吳江邊的楓葉
墜落，燕山上的樹葉飄零；有的人保守不進，如同漢代李廣
利緊閉起玉門關，趁著沙苑草肥，牧馬屯兵；有的人行棋時

猶豫不決，就像晉朝王濟之因為愛惜障泥不肯渡河。當然，也有善用奇兵的人，能像昆陽之戰那般以少勝多，以弱勝強；也有成竹在胸的，好比逐鹿之戰黃帝大敗蚩尤。還有的人，雖然技藝很高，但也會偶爾失手，如同東晉時的庾翼；也有的人雖然沒什麼名氣，但卻像晉時王湛，看似痴傻，本領卻令人驚奇。

儘管李清照稱打馬只是閨中的博弈遊戲，但她卻在這遊戲中領悟到了軍事謀略的智慧。散落在桌面上的馬棋就是李清照的千軍萬馬，她每一次的遊戲，都是一場行軍布陣的演習。誠然，對於從未上過沙場的李清照來說，這或許有些紙上談兵，但也足以讓人看見她的良苦用心。

李清照不是真的因為歲月安然、閒來無事才想起這打馬遊戲的，那一夜長明的燭火，是她對宋金兩國戰場的遙遙寄望。

佛狸定見卯年死，貴賤紛紛尚流徙，滿眼驊騮雜騄駬，時危安得真致此？木蘭橫戈好女子，老矣誰能志千里，但願相將過淮水。

—— 李清照〈打馬賦〉

北魏太武帝拓跋燾曾屢屢侵犯南朝，卻最終如童謠裡詛咒的那般，死在了卯年。如今，又一年光陰將盡，來春正是己卯之歲，想金國賊主完顏晟也時日無多了。自靖康之恥以

後，朝廷南渡，君臣百姓，無論貴賤紛紛逃亡流離。眼看著打馬圖上滿眼驊騮、騄駬的駿馬，掛念著家國危亡的時局，李清照也想成為花木蘭那樣躍馬橫戈的巾幗英豪，只可嘆年老力衰，哪裡還能實現這殺敵衛國的千里之志，唯盼望朝廷的將相能夠早日打過淮水，重返中原。

在宋高宗紹興四年（西元一一三四年）的十一月二十四日的歲末深冬之時，李清照寫就的《打馬圖經》是她對剛剛結束的大儀鎮之戰的慶賀，也是她渴望恢復河山的壯志豪情。儘管她只是個老弱的女子，但依然有著最熱烈的心。她再一次地破除了時代給予女子的局限，不獨朝堂政務，即便是沙場謀略，李清照也敢去試上一試。

不獨施之博徒，實足貽諸好事。使千萬世後，知命辭打馬，始自易安居士也。

——李清照〈打馬圖經序〉

這一篇《打馬圖經》，記錄的不僅僅是李清照在打馬博戲中的心得，也是可供好事者舉一反三的智慧謀略。李清照寫下此文，也不僅僅是閨房雅戲的留存，她更希望千年萬代的後人知道，大宋朝有一個易安居士李清照，她曾借著「命辭打馬」的文章，瞭望天下。

題八詠樓

千古風流八詠樓，江山留與後人愁。

水通南國三千里，氣壓江城十四州。

在金華小城的東南隅，在滔滔東陽江之北，有一座高約數丈的樓閣。那是南朝蕭齊時，東陽郡太守、文學大家沈約所建。此樓本名元暢樓，但因沈約數次登臨，每每賦詩，終成「八詠」，遂將樓名改作八詠樓。

此後歷朝都有文人騷客登樓吟詠，詩仙李白在〈送王屋山人魏萬還王屋〉詩中也有「沈約八詠樓，城西孤岩嶢」之句，可惜平平。世人都道，只怕沈約之後，八詠樓上難有好詩。可如今，它等來了李清照。

登上這千古風流的八詠樓，放眼山川江河，不由念及家國之危。難道此間山河破碎，只能留給後人去哀愁？這裡川流密集，連接著江南諸郡，此番氣勢足以影響江南十四州的存亡。

無論世人承認與否，此時的李清照早已褪去了舊有的閨閣才女的色彩，家國的感慨總讓她迸發出震撼人心的氣魄。在經歷改嫁、離異的不堪往事後，她越發沉澱出了一種超然的自信和淡泊。但是，這並不意味著李清照不再有哀愁和悲傷，只要她願意，隨時都可以填詞成章，表達心底裡隱藏的憂愁。只不過，這種憂愁再也不會簡簡單單地交付於「愁損欄杆」、「憔悴春窗」的詞句，而是走向了更為蘊藉的深沉。

武陵春

　　風住塵香花已盡，日晚倦梳頭。物是人非事事休，欲語淚先流。

　　聞說雙溪春尚好，也擬泛輕舟。只恐雙溪舴艋舟，載不動許多愁。

　　暮春的風停息了，留住了塵土裡的馨香，可枝頭的花朵已然落盡。此時天色已晚，教人也懶怠打扮梳洗。不知為何，忽然記起了許多往事，可惜物是人非，也都成了空念，待要細想，卻先自清淚長流。聽說城南外雙溪還有些春色，猶疑著是否可以去那裡泛舟遊賞，散一散心。但又止不住擔心，那小小的船兒，載不動我這滿心的憂愁。

［宋］佚名 風雨歸舟圖

　　儘管李清照不再懼怕再嫁之事所帶來的萬世之譏、無根之謗，儘管她也從一瓶一缽、三沐三熏的生活裡尋到了平靜，但並不意味著她可以徹底把往事拋卻。恰恰相反，李清照是一個從不會在困境前倉皇而逃的人。即便前方有重重阻礙，她也會想方設法衝破牢籠，一如她以詩詞文采從無數男性文人的世界裡博取聲名，贏得自己的天地。

　　而今，李清照想要有更多表達的機會，她需要重新回到那個可以讓她展現自我才華的舞臺上去，她渴望自己所做出的努力能得到更多的認可。而在那樣的時代下，除卻易安居士李清照的名號，她還需要一個冠冕堂皇的身分。

▍風鬟霜鬢，怕見夜間出去

　　正如李清照在〈打馬賦〉中所預見的那樣，紹興五年（西元一一三五年）的正月間，金太宗完顏晟病逝於上京。完顏晟臨死前有意將皇位傳給自己的兒子，卻遭到了宗室諸人以及大臣們的竭力反對。不得已之下，完顏晟只得將皇位還給了哥哥完顏阿骨打的長孫、梁王完顏亶，是為金熙宗。

　　金熙宗完顏亶繼位時不過十六歲，朝政皆由魯王完顏撻懶把持。而身為金國內的主和派，完顏撻懶輔佐金熙宗時的要務，除了儘快平定朝中諸宗室政權的亂局，便是要促成與宋廷的議和。

可金熙宗和完顏撻懶沒有料到的是，就在隨後不久的四月間，五十四歲的宋徽宗終因不堪折磨，病死於五國城（今黑龍江依蘭縣西北）。他們自然不肯將這消息傳告宋廷，只是將宋徽宗草草葬於洛陽附近，隨後便開始了與宋廷漫長的議和談判，而宋高宗自然也在求之不得的安樂中，開始了「直把杭州作汴州」的生活。

紹興五年（西元一一三五年）的五月初三，一紙詔令傳至婺州，因知州前往故直龍圖閣趙明誠家索取《哲宗皇帝實錄》。這看似簡簡單單的一道詔令，卻成了李清照餘生際遇裡最大的轉機。

彼時，宋高宗下詔修撰國史。時任翰林學士兼史館修撰的綦崇禮進言，稱《哲宗皇帝實錄》早年乃是章惇、蔡京等人修撰，這些人本力主變法，故而對哲宗年間諸事多有積怨造謗，甚至指白為黑、變是為非，乃至於邪正善惡顛倒交錯。為此，綦崇禮懇請宋高宗下詔，向諸路州軍及舊臣之家搜求早年編撰的《哲宗皇帝實錄》文字作為依據參照，重新修訂。

這大概就是上天對李清照的垂憐。早年間，趙挺之恰好參與過《哲宗皇帝實錄》的修撰，且家中藏有一套書稿。幸運的是，在數年間的奔逃流離中，李清照所攜書籍字畫大多散盡，偏偏這一套《哲宗皇帝實錄》得以保存。此前，朝廷

已然派人前往泉州趙家族人遷居之地尋找《哲宗皇帝實錄》的善本。而今，李清照所藏的這套《哲宗皇帝實錄》終於有了用武之地。

實際上，若從禮法而言，彼時李清照雖然已與張汝舟離異，但自其改嫁那一日起，便也算不上是趙明誠之妻了。所幸的是，舊時的親友們似乎並未因此離棄李清照，她在金華的衣食住行想必一直受到李擢的照應，此番將《哲宗皇帝實錄》上繳朝廷也是綦崇禮的幫襯。人們好像仍願意認同，易安居士李清照是故相趙挺之的兒媳，祕閣修撰直龍圖閣趙明誠的髮妻，就連姨表兄謝克家之子謝伋也一直尊稱李清照為趙令人。

令人，在當時乃是外命婦封號，太中大夫以上官之妻為令人。趙明誠以祕閣修撰直龍圖閣的身分卒於任上，李清照正合封為令人。或許，就是在李清照呈繳《哲宗皇帝實錄》後不久，她身為趙明誠遺孀的身分再一次得到了朝廷的認可。也正是那時候，她告別了寄居半載的金華，啟程前往都城臨安居住。

釣臺

巨艦隻緣因利往，扁舟亦是為名來。

往來有愧先生德，特地通宵過釣臺。

254

　　乘舟返回臨安的途中，李清照再一次路過桐廬富春山下的漢時嚴子陵釣臺。她念及前輩先賢拒不出仕、隱居山野的高風亮節，不覺心中生出些愧疚來。想這富春江水之上，大船為了謀利才去，小舟則為了沽名而來，這些來來往往的人們在嚴先生高德前只有滿懷的羞愧，故而才趁著黑夜悄悄駛過釣臺。

　　這恐怕是李清照第一次為了世俗之名而奔走。遙想當年和趙明誠在青州歸來堂上的日子，一直渴望同五柳先生陶淵明那樣采菊東籬、不慕名利的李清照，此番不得不屈就於一個虛名。但這對李清照來說，並不是一件壞事。

　　記得年少時，李清照曾無數次疑惑：為何連曹大家班昭那樣的女子也要做一個柔弱乖順的婦人。後來，李清照也有了些才名，她便又時常拷問自身，是否及得上曹大家一二。然而仔細思量，李清照心知，論博學才力，她也只是評了幾段歷史，鑑了幾個金石，填了幾闋情詞，哪裡做得到曹大姑續寫《漢書》的功業？但是，她自認比曹大姑敢作敢當，敢言敢行，她似乎一直就不肯屈從順命，不肯做個卑弱的女子。

　　在經歷了後半生的漂泊流離、艱難坎坷之後，李清照倒似乎可以理解曹大家的「戰戰兢兢，常懼絀辱」。她未必是讓女子真的活得卑下謙順，只是想告誡那些後輩們，身為女子，立於世間不易，若可以早點明白些處世之道，或許會免

遭更多磨難。

　　想曹大家亦是五十歲上修成《漢書》，又著《女誡》，隨後出入漢和帝宮中，為皇后妃嬪們講學，替帝王稱頌作賦，這都是一個女子難有的功業。漢和帝駕崩後，鄧太后輔佐幼帝，臨朝聽政，多請班昭參與政事，更為此拔擢班昭之子曹成為關內侯，官至齊國的國相。

　　而今，李清照亦年過五旬。趙明誠留下的《金石錄》，她終於整理裝幀完畢；自己的詩詞文章，也多在坊間傳抄。至於餘生，李清照到底還能再做些什麼，方才不辜負這滿腹的才學。

皇帝閣端午帖子

　　日月堯天大，璿璣舜曆長。
　　側聞行殿帳，多集上書囊。

皇后閣端午帖子

　　意帖初宜夏，金駒已過蠶。
　　至尊千萬壽，行見百斯男。

貴妃閣春帖子

　　金環半後禮，鉤弋比昭陽。
　　春生百子帳，喜入萬年觴。

　　當時的朝廷，每逢立春、端午二節，都會命翰林院諸臣子作些詩詞帖子送進宮中，剪貼於各處門帳，以供皇帝妃嬪們賞鑑。這些詩詞都是歌功頌德之句，或是將宋高宗比作堯舜一樣的人物，或是祈願皇后、貴妃福壽綿長，多子多孫。

　　如此詩文，哪裡還有一絲絲易安居士李清照的影子，非但不見婉約柔情，更沒有慷慨豪邁，甚至用詞用典都極為平常，也簡潔易懂。似乎從來都難掩光華的當世才女李清照，在遇見了皇家的聲威時，也悄悄地收起了鋒芒。

　　關於李清照向宮中呈獻詩帖子，曾在臨安城內惹起小小的非議。那時節，秦檜同父異母的兄長秦梓正是翰林院學士，聞聽李清照也向宮內進帖子，十分厭惡。故而等宮內頒行賞賜時，負責相關事務的秦梓只給了李清照一些金帛而已。

　　這確實有些匪夷所思，可似乎又在情理之中。秦梓雖然是秦檜的兄長，但他為人正直，一向不喜秦檜貪羨功名之舉。待秦檜南歸大肆鼓吹宋金議和的時候，秦梓更是與之斷絕了往來。也許，秦梓早前也曾聽聞過李清照的故事，了解她對秦檜的鄙夷，他甚至對李清照有過幾分敬重，可沒料到她終有一日也會向朝廷伏低做小。

　　在臨安城的幾年間，李清照曾幾次給皇帝、皇后、貴妃、夫人等寫了幾篇帖子。這恐怕是李清照前所未有的行止，卻也是她不得不為之的事。對於那時的李清照來說，恢

復她詩書才女的聲名，恢復她在官宦世家之間的人脈關係是極為重要的。李清照心中所想的，可能不僅僅是餘生的安然，她當然也希望自己最終能像曹大家班昭那樣，為這個世間留下更多有意義的東西。

但面對著一個懦弱的朝廷，面對著一個偏安的世界，縱然李清照有「木蘭橫戈」之心，終究也是無能為力的。

李清照返回臨安後的那幾年裡，儘管朝廷一心想著與金人議和，但面對邊界上時時騷擾的金兵，又不得不以武力還擊。可若真要放手一搏，又害怕打不過金人，再落得個流亡逃奔。於是，縱然宋廷裡有著韓世忠、岳飛這樣忠心耿耿且驍勇多謀的將帥，可每每與金人的戰場交鋒，都永遠被宋高宗「擊退即可，不許北進」的旨意所束縛。

自紹興六年（西元一一三六年）起，已進封武昌郡開國公、升荊湖北路、襄陽府路招討使的岳飛曾兩度率軍北伐，卻一直不得朝廷的支持，最終因為孤軍無援、米糧不濟而告結。

與此同時，曾經被宋高宗張榜天下，以示不再復用的秦檜卻又東山再起，先復官為資政殿學士、知溫州，後改任紹興知府。至紹興六年（西元一一三六年）秋天，又被任命為醴泉觀使兼侍讀、行宮留守，並暫去尚書省、樞密院參議政事。

　　紹興七年（西元一一三七年）的正月二十五，出使金國歸來的問安使何蘚帶回了宋徽宗崩逝的消息，宋高宗重禮發喪，遙上尊諡聖文仁德顯孝皇帝。

　　宋徽宗的死訊似乎激起了宋人的抗金之心。二月間，岳飛奉詔入朝覲見宋高宗，得到了皇帝「中興之事，朕一以委卿」的允諾。隨後不久，朝廷便罷去了劉光世的兵權，將其部下五萬人馬都交付給岳飛。而岳飛亦壯志勃勃地呈上了一份《乞出師劄子》，期望再度北伐。誰承想，原以為水到渠成的北伐大計，卻因為秦檜一通岳飛可能擁兵自重、功高蓋主的言論被宋高宗否決了。

　　紹興七年（西元一一三七年）的歲末，金熙宗廢去了偽齊皇帝劉豫，並以歸還黃河以南宋廷故地、護送高宗生母韋氏以及宋徽宗的梓宮返回江南為條件，要與宋廷正式和談。到此時，無論朝中多少臣子反對，也無論百姓們心中如何悲嘆怨憤，宋金議和的結局已然注定。

　　紹興八年（西元一一三八年）的十一月，金國派遣江南詔諭使張通古、蕭哲來到了臨安，攜帶著金熙宗的詔書，要與宋廷和談。然而，那詔書之上並沒有像往年那樣稱宋朝國號，而是改為「江南」；也不說是兩國議和，只道是「詔諭」，儼然將大宋朝廷當作藩屬之國。

　　此消息一經傳開，朝野上下，多是憤慨。可是，那些毅

然上奏反對議和的直臣們卻紛紛被罷官貶黜，朝廷之中便再難聽見反對的聲音。

是年十二月二十七日，當朝宰輔秦檜代替了宋高宗趙構跪拜在金國使節的腳下，應允了金國的詔書內容，同意取消國號，從此以藩屬之邦臣服金國且每年納貢。隨後不久，宋廷便在新春正月裡發大赦天下的赦書，慶賀與金國議和事成。

那時，在鄂州勠力練兵的岳飛接到赦書後，毅然呈進了一份〈謝講和赦表〉，直言不願趨附和議，定要「收地於兩河，唾手燕雲，終欲復仇而報國」。但是，岳飛的種種上奏都被宋高宗置之不理。

就在四個月後，在金國內發動政變奪取了完顏撻懶兵權的完顏兀术親統大軍，分左右兩翼再度南攻，直向兩淮而來，兵臨順昌（今安徽阜陽）城下。原本遷延猶豫的宋高宗不得不命岳飛發兵救援，岳飛遂由此開始了生平最後一次北伐。

解除順昌之圍後，負責傳達班師詔令的司農少卿李若虛竟不顧矯詔之罪，支持岳飛北伐。岳飛遂揮師北上，一路攻蔡州，克魯山，收復了潁昌、陳州。彼時，朝中主戰諸將乃至中原民間的抗金武裝，無不紛紛響應，岳家軍和各地忠義民兵全線進擊，最終在郾城（今屬河南漯河）之外大敗完顏兀术，逼得其退守於東京城西南的朱仙鎮上。

　　可就在此時，宋高宗的十二道金牌終教岳飛折戟沉沙。十年之力，廢於一旦；山河中興，再無希望。

　　一年後的寒冬歲尾，即紹興十一年（西元一一四一年）的除夕前夜，為了滿足完顏兀朮議和的條件，宋高宗在秦檜的慫恿下，終以「莫須有」的罪名，下旨將岳飛賜死於大理寺獄中，將其子岳雲、部將張憲依軍法斬首。彼時的臨安城中，百姓泣血，忠臣悲鳴，唯有宋高宗的內廷裡依舊鶯歌燕舞，慶賀太平。

［宋］佚名 西湖春曉圖

永遇樂‧元宵

　　落日熔金，暮雲合璧，人在何處。染柳煙濃，吹梅笛怨，春意知幾許。元宵佳節，融和天氣，次第豈無風雨。來相召、香車寶馬，謝他酒朋詩侶。

　　中州盛日，閨門多暇，記得偏重三五。鋪翠冠兒，撚金雪柳，簇帶爭濟楚。如今憔悴，風鬟霜鬢，怕見夜間出去。不如向、簾兒底下，聽人笑語。

　　落日的餘暉仿若熔化了的黃金，暮色下的雲朵猶如深沉的碧玉。此時此刻，我不知自己身在何處。那柳枝上漸漸升騰起了濃濃的迷霧，是哪裡的笛聲吹奏著〈梅花落〉的怨曲，也不知這春意究竟還能有多少。今日正當元宵佳節，一片暖風和煦的天氣，可誰能知道轉眼間是否會有冷風驟雨？幾位詩酒友人乘著香車寶馬前來相邀，要一同赴宴，可我只能一一婉拒。

　　如此的情境，讓我不由得想起當年在東京城內的繁華時光，閨閣之中閒暇最多，往往最愛那正月十五的節慶。每到此時，人人都要戴上點翠的花冠，用金線撚著雪柳裝飾將自己打扮得齊齊整整，光鮮亮麗。可到如今，我已是容顏憔悴，滿頭的白髮也懶得去梳理，更害怕在這元宵夜間出門去。倒不如就悄悄地躲在那簾幕之下，聽一聽外面世界的人聲笑語。

　　中原的征戰之聲漸漸遠去，十年的偏安似乎讓高高在上的宋高宗覺得，這樣的朝廷已然不錯。這些年來，宋高宗下令陸陸續續地將臨安舊城重新修整，西湖東岸、鳳凰山麓上的皇城也修築得分外華麗。江南有著中原從沒有過的煙雨柔情，此間的繁華比往昔的東京也是有過之無不及。這些年的元宵燈會也漸漸熱鬧起來，那街上的鰲山燈海彷彿五色祥雲，熒煌炫轉，照亮了天地。街巷之間，各家商鋪茶肆都賣著新鮮的小食，各處官宦府邸更有鼓吹舞綰者頻頻出入，都是熱鬧的景象。

　　可越是如此祥和的日子，才越教李清照心頭悽惶。儘管李清照也曾嘗試過，努力過，可她終究也未能成為班昭那樣的人，彼時的大宋朝廷也終究不是一千年前的大漢王朝。宋金議和已成定局，李清照知道，她此生再也不可能回到中原，回到心心念念的家鄉。

　　到此間，李清照能夠做的，也只有讀讀詩，填填詞，賞賞書畫，會會老友。在臨安城某處的深深庭院裡，做一個淡然的安享餘生的老婦人。

　　宋高宗紹興十一年（西元一一四一年）的歲末，宋金兩國訂立了和約：由金熙宗冊封宋康王趙構為宋國皇帝，自此，宋向金稱臣。兩國疆界，東以淮河中流為界，西以大散關（今陝西寶雞西南）為界，南屬宋，北屬金。此外，宋須

割唐州（今河南南陽唐河縣）、鄧州（今河南鄧州）、商州（今陝西商洛商州區）、秦州（今甘肅天水秦州區）大半地域予金。宋每年向金納銀二十五萬兩、絹二十五萬匹，每逢金主生辰及元旦日，均須遣使稱賀。

這一紙合約雖然寫滿屈辱，但在宋高宗看來，到底是結束了兩國十餘年的戰爭，從此可以南北相安，各享太平。同時，宋高宗也可以迎回宋徽宗的梓宮和生母韋氏，成全自己的孝道。

紹興十二年（西元一一四二年）八月，在經過四個月的漫漫長途後，宋高宗生母韋氏偕宋徽宗及其皇后鄭氏，以及宋高宗的髮妻邢氏的梓宮回到了臨安城。隨後，議和的大功臣秦檜加封太師、魏國公，朝中上下無不唯其馬首是瞻。而臨安城乃至江山半壁的大宋朝，便也在這樣的和平中慢慢地過起了悠閒日子。

紹興十三年（西元一一四三年），金國又放歸了幾個早年間被扣押的宋國使臣，其中有一個名叫朱弁的老者。他與李清照乃是同齡人，少年時亦在太學讀書，其老師則是晁補之的族弟晁說之。宋高宗建炎元年（西元一一二七年）時，朱弁自薦出使金國，代宋高宗問候徽宗、欽宗二帝。誰知，金太宗完顏晟以議和為名，只准一人返回宋廷。於是，朱弁讓同行之人回朝奏稟，他則帶著使節圖印自願留在金國，就此羈留十六載。其間，金人幾次逼迫朱弁投降，又命其前往

偽齊劉豫處做官。朱弁堅拒不從，甚至做好了赴死的準備。金人見他如此剛烈，只得作罷。

　　如今，朱弁終於歸朝，雖然人已老邁、鬢髮蒼蒼，但一身氣節卻絲毫未改。而他歸國的行囊中，更多了幾本書冊，都是他羈留金國時寫就的。一為《曲洧舊聞》，所記的都是他當年定居新鄭洧水邊時聽到的朝野遺事、社會風情和名臣逸聞。一為《風月堂詩話》，乃是追思早年詩書風月之談，記述的大多是當朝詩詞名家之舊事。而在朱弁的回憶裡，東京才女李清照竟也占得一隅。

> 趙明誠妻，李格非女也。善屬文，於詩尤工，晁無咎多對士大夫稱之。如「詩情如夜鵲，三繞未能安」、「少陵也自可憐人，更待來年試春草」之句，頗膾炙人口。
>
> ──朱弁《風月堂詩話》

　　李清照大約沒有想到，當身在江南的她追念故國的時候，羈留金國的故人朱弁也將她寫進了自己的回憶裡。這短短數十字的評價，卻勾起了整整四十年的追憶。李清照可能也沒有料到，在朱弁的記憶中，自己最出名的並非填詞之才，反倒是屬文工詩的本領。這大概都是晁補之的功勞，若不是他常常在人前提起，那「詩情如夜鵲，三繞未能安」、「少陵也自可憐人，更待來年試春草」的詩句又有幾人還能記得呢？

「天寒遠放雁為伴，日暮不收烏啄瘡。誰家且養願終惠，更試明年春草長。」唐詩人杜甫曾用一篇〈瘦馬行〉寄託身世之嘆，將自己比作了詩中遭人遺棄的官馬，感慨著被貶放逐的淒涼，卻也蘊含著再試鋒芒的希望。

少年時的李清照作此詩句，似乎已經看到了少陵野老不甘落魄的心境。而今李清照年歲老去，恐怕才真正體會到詩聖心中更深的淒涼。李清照大概也想著能有機會再試春草，可似乎又與曾經的杜甫一樣，不知何時何地才有自己再展文采的機會。

這一年，李清照將趙明誠的《金石錄》一書上呈朝廷，也算是替丈夫了卻了一番心願。而李清照似乎也寥落了心情，她越來越像一個看破俗塵的老者，過著平靜恬淡的生活，偶爾有了興致會作些詩詞，但再也不能似往日那樣才情肆意了。

蝶戀花・上巳召親族

永夜懨懨歡意少。空夢長安，認取長安道。為報今年春色好，花光月影宜相照。

隨意杯盤雖草草。酒美梅酸，恰稱人懷抱。醉裡插花花莫笑，可憐春似人將老。

漫漫的長夜讓人神思懨懨，心情也變得鬱鬱難歡。在夢中彷彿又回到了舊時的京城，似乎還能認清那時的街巷道

路。聽說今年的春色很是不錯，當此夜晚，月影與花影彼此映照，倒也相宜。

宴席上的菜肴都是隨意置辦的，算不上精緻。但那梅子釀成的酒卻是十分甘美，正該痛飲一番。喝醉之時便採擷了花朵插戴在頭上。但願這花兒不要取笑我，春色一過，我也將老去了。

在一個踏春遊春且賞春的上巳節，李清照已然成了老祖母一樣的人物。雖然她膝下無兒無女，但好在還有些親眷可以往來，故而才有了這樣難得的歡聚。這酒宴也許從白日一直延續到夜間，不知酒醉之後替李清照頭上插花的，是不是誰家頑皮的孩子。儘管這樣的情境總教李清照想起舊時東京城內的時光，可那隱忍的哀傷裡，卻又帶著淡然處之的情緒。

紹興十五年（西元一一四五年）四月十四日這天，李清照正在暮春的庭院裡消磨著最後的春色。文友周紫芝忽然來訪，二人閒坐談天，李清照因將手中正在閱覽的書卷遞給周紫芝一觀，卻是戶部侍郎邊知白所撰寫的《觀音感應一百事》。想來，飽經滄桑的老者也只能向空門中找些安慰，尋些寧靜。

不久之後，祕閣修撰曾慥編成一部《樂府雅詞》，收錄了有宋以來三十四家共百餘闋詞作，而魏夫人與李清照亦在

其列，坊間流傳的諸多李清照的佳作悉數錄入其中。

這對當時的李清照而言，大約也算得上是生平慰藉了吧？可是，李清照的一生，又有誰人能夠總結呢？

尾聲

—— 這次第，怎一個愁字了得

▍這次第，怎一個愁字了得

不知不覺已是紹興二十年（西元一一五〇年），大金國之藩屬宋國，已在山溫水軟的江南度過了九年的祥和時光。雖然總還是有人想著能北伐中原，奪回江山，可卻沒有人敢在宋高宗的朝堂上再提此話了。儘管也有不少忠臣義士一直在彈劾秦檜的奸惡行徑，可皇帝似乎就是格外親信於他，反將那些直臣諫臣都一一貶謫了。

那時節，彷彿許多名字都成了如煙往事，很多關於元祐黨爭的故事，也都成了舊談。至於東坡老蘇軾、豫章先生黃庭堅、歸來子晁補之、淮海居士秦觀、宛丘先生張耒……那些李清照記憶裡音容笑貌仍舊真切的形象，皆成了後生小輩們書本裡的詩詞文章。他們固然還會敬仰這些前輩，但恐怕再也無法想像這些風流人物曾經的模樣。

這一日，有親眷故交前來拜望，並為李清照送來幾卷坊間傳抄的書冊。其中有一部明國公胡舜陟次子胡仔於上年編成的《苕溪漁隱叢話》，特意將宋哲宗元祐以來蘇東坡諸公詩話及史傳小說所載事實加以整理、編撰，以便世人增益見聞。

這《苕溪漁隱叢話》共有六十卷，那最末一卷的最末一章題作《麗人雜記》，記述的都是關於近世女子的詩話閑文，易安居士李清照自然在列。

　　近時婦人能文詞，如李易安，頗多佳句，小詞云：「昨夜雨疏風驟，濃睡不消殘酒。試問捲簾人，卻道海棠依舊。知否知否，應是綠肥紅瘦。」「綠肥紅瘦」，此語甚新。又《九日詞》云：「簾卷西風，人似黃花瘦。」此語亦婦人所難到也。

　　　　　　　　——胡仔《苕溪漁隱叢話》前集

　　胡仔倒是肯定了李清照的才學，可言辭之中卻透著幾分對婦人的輕視，彷彿李清照寫得幾句好詞便是難為她了。最讓人可惱的是，他偏偏要將李清照改嫁張汝舟之事記述下來，還不忘嘲諷，稱世人看了李清照《投內翰綦公崇禮啟》中「忍以桑榆之晚節，配茲駔儈之下才」之句，竟無不笑之。

　　李清照看了這文字，大約心頭是有些酸楚的，但面上仍只是淡然一笑。十八年前，她在給綦崇禮寫信時早已言明，深知自己難逃「萬世之譏」，也阻止不了「多口之談」。如今，李清照年將七旬，該看破的早都看破，難道還會和後輩們置氣不成？

　　另有一部《碧雞漫志》的書卷，乃是遂寧府（今四川遂寧）一個名叫王灼的書生所撰。此人倒有些博學之才，可惜舉場失意，未能入仕，只得流落江湖，為人幕僚而已。

　　這王灼亦是驚嘆李清照之才學，以為「士大夫中已不多得。若本朝婦人，當推詞采第一」。但是，這些人評詩論詞

時卻更像是腐儒老生，總捏住李清照改嫁之事不放，似乎由此認定了李清照之為人，竟把她的一些詞作看成「閭巷荒淫之語」，更稱「自古縉紳之家能文婦女，未見如此無顧忌也」，指摘李清照「誇張筆墨，無所羞畏」，倒好像她的詞作竟是辱沒了詩書門第一般。

見到這般評論，李清照禁不住有些惱怒了，想自己一生才名，總不至於落了個被後生小子任意嘲弄的結局。可轉念再想，自己不也曾寫下《詞論》，將柳永、歐陽修、蘇軾、黃庭堅這些前輩們一一批評過？看這王灼行文，似乎極為推崇豪放詞風，稱蘇軾之詞「新天下耳目，弄筆者始知自振」，看來也只是他自家對詞之體會罷了。想中唐之時，李白詩篇也曾受人褒貶，遭人輕視，故而韓愈才作〈調張籍〉詩云：「李杜文章在，光焰萬丈長。不知群兒愚，那用故謗傷。蚍蜉撼大樹，可笑不自量！」

就這樣，李清照的無名惱火悄然散去了。文章千古事，究竟誰是蚍蜉，誰是大樹，還是交給後世慢慢評說吧。李清照也想不出，自己的詩詞文章究竟能流傳多久。自少年揚名東京，至今不過區區五十載，便有揚抑兩重的評價。那百年之後、千年之後呢？這些詩詞還會有人誦念嗎？人們是愛李清照之詞中婉約，還是詩中豪情呢？

如此想著，李清照又是淡然一笑，將這兩卷書冊都擱在

一旁。她從書架上收拾出一軸畫卷，喚上老僕出門了。

　　一架小車緩緩行駛在臨安街頭，左轉右轉，終於來至一處宅院，開門迎客的乃是書畫學博士、禮部員外郎之子，而今的敷文閣直學士、提舉佑神觀米友仁。

　　建炎年間的倉皇奔逃，使得李清照與趙明誠之家藏散失殆盡。李清照所謂的「歸然獨存者」裡，最後只剩下一兩部殘缺書冊，三四種平平書帖。但所幸的是，其中一幅米芾先生的字帖竟得以保存。今日，李清照攜卷而來，一為拜訪老友，二則便是要請米友仁在此卷上題跋以作紀念。

　　展開卷軸，米友仁大為欣喜。那紙卷上書寫的，乃是唐李義府〈詠鳥〉詩：「日裡颺朝彩，琴中伴夜啼。上林如許樹，不借一枝棲。」米友仁還記得，這是四十多年前，他的父親米芾吟念此詩，一時興起，揮筆寫就，後來也不知他收在了何處或是贈予了何人。誰承想，這幅字竟留在了李清照那裡！米友仁賞鑑再三，認定是先父米芾真跡，不由感泣，道是「今之數字，可比黃金千兩耳」。

　　這半日的時光，兩個垂垂老矣的故人坐在一起賞字、品茶、憶舊，所說所論的事情，也只有他們自己知曉了。

　　自米友仁處歸來後，李清照收得一封書信，乃是她早年教讀詩詞的女弟子韓玉父所寄。韓玉父本是秦人（今陝西一帶），父親也曾在朝廷裡謀了個官職，後因金人南侵便舉家

遷至臨安。

李清照自紹興五年（西元一一三五年）定居臨安後，便常與城中顯貴門庭裡的女眷多有往來，許多人家亦會請其為家中的女孩們講授詩文。這韓玉父便是因緣巧合，拜在了李清照門下。

數年前，韓玉父年已及笄，其父將她嫁與了太學生林子建。去歲，林子建得了官職，往閩地赴任，韓玉父便拿出家中資財助其成行。林子建原本說秋冬時節再派人來接韓玉父，誰承想，他一去便音訊全無，杳然無蹤。韓玉父只得帶了奴婢前去投奔，可到了閩地卻打聽得林子建已轉任旴江（今江西撫州廣昌縣一帶）。

韓玉父為了尋夫，一路顛沛流離，實感旅途艱辛，命運不濟。在一處名為漢口鋪的地方輾轉停留時，韓玉父偶得一詩，迢迢寄來，懇請李清照評鑑。

李清照得知此情，只餘一嘆，展開弟子詩卷，但見那末兩句寫著「生平良自珍，羞為浪子婦。知君非秋胡，強顏且西去」，又不覺皺眉。李清照明白，韓玉父千里尋夫是無奈之舉，作此哀怨之詞也在情理之中。她不由得想起當初獨自南奔的時候，想起趙明誠在池陽作別的情境，頓覺心口生疼，但李清照覺得，這疼痛不全然是為了自己。

難道女子學詩填詞就僅僅是為了記錄這些閨閣哀愁嗎？

是她們真的別無他物可寫，只將全部的才情與感情都投注在閨中世界，還是這個世界本就容不得女子探尋更廣闊的天地？

聲聲慢

尋尋覓覓，冷冷清清，淒淒慘慘戚戚。乍暖還寒時候，最難將息。三杯兩盞淡酒，怎敵他、晚來風急？雁過也，正傷心，卻是舊時相識。

滿地黃花堆積。憔悴損，如今有誰堪摘？守著窗兒，獨自怎生得黑？梧桐更兼細雨，到黃昏、點點滴滴。這次第，怎一個愁字了得！

多少年來，我不停地尋尋覓覓，卻只落得個冷冷清清，淒淒慘慘戚戚。在這個乍暖還寒的時節，實在是難以保養休息。縱然是飲下兩三杯的淡酒，又怎麼能抵得住晚間的寒風侵襲？北歸的大雁從天際飛過，彷彿是舊時的相識，教人怎不傷心。

院子裡的菊花都已落盡，鋪撒滿地，真是憔悴不堪。如此境地，還能有人來採摘共賞？守在窗邊，獨自一個人怎麼熬到天黑？梧桐樹上傳來細雨淅瀝之聲，直到黃昏時候，還在點點滴滴。這般光景，怎能用一個愁字就可說得盡！

在李清照的詞作裡，那「天教憔悴度芳姿」的菊花終於

散落滿地，連讓她把酒東籬，隨分樽前醉一場的機會都沒有了，只餘下梧桐細雨的淒冷。

世人都喜歡把這闋詞當成是李清照對丈夫的刻骨思念，對晚景淒涼的哀怨，可其中真教詞人痛徹心扉的愁，又豈是常人所能解得的。

不知是何年何月，也不知是在何時何地，風鬟霜鬢、年邁老朽的李清照遇著了正值豆蔻的孫家女兒。看著小姑娘靈動的雙眸、伶俐的神情，李清照彷彿看到了曾經的自己。於是，李清照引逗著小姑娘，說要做她的師父，將畢生所學都傳授給她。誰承想，小姑娘陡然神色嚴肅，一口回絕了李清照，堅定地說：「才藻，非女子事也。」

四十多年後，孫氏女以文林郎寧海軍節度推官蘇瑑之妻的身分病逝臨安，她幼年時的這個故事被表叔陸游寫進了〈夫人孫氏墓誌銘〉中。而這個故事，是後人可以尋到的，關於李清照在這個世上最後的蹤跡。至於李清照究竟何時亡故，又魂歸何處，似乎已無人在意了。

一百五十二年的南宋王朝，終究未能奪回中原。縱然李清照曾懷著滿心的期望，想來最終也不可能歸葬故鄉。那她是否會長眠在臨安城的西湖邊，依偎著江南的青山碧波？又或者和曾經的丈夫趙明誠合葬一處？可趙明誠又在哪裡？是當時匆匆入殮的建康城嗎，還是被趙氏族人遷葬至別處？

　　那時節，趙家的族人大都在泉州定居了，雖然次兄趙思誠也於紹興十七年（西元一一四七年）亡故，可還有小姑傅趙氏在，三個兒子都在朝為官，家門興盛。不過，這位小姑三十多歲時喪夫，她守節自誓，操持門庭，攜子南渡，是個恪守禮教的貞潔烈女。不知她對李清照的改嫁是否有所非議？她會幫著安排李清照的後事嗎？還是李清照的身後之事，仍舊交給了她同父異母的弟弟李迒？此間種種，都只能留與後人遐想了。

　　李清照生前無數次地遙問「故鄉何處是」，或許，對這副區區肉身終究難以歸鄉的事實，她至死也無法釋懷。但是，她那一次「彷彿魂夢歸帝所」的心靈叩問，卻在千百年後有了真切的答案：千古才女李清照從未離開過這個世界，她的詩魂詞魄就凝聚在那浩瀚的夜空之中。縱然泱泱中華的文學歷史如星漢般燦爛，李清照，亦是茫茫星辰中，閃耀可辨的那一顆。

李清照紀念堂中的李清照雕像

這次第，怎一個愁字了得

電子書購買

國家圖書館出版品預行編目資料

愁言三瘦李清照：婉約詞風、文士抱負、金石
為錄，懷家國之憂易安於容膝，望故土難歸卻
尋尋覓覓 / 周舒著 . -- 第一版 . -- 臺北市：崧燁
文化事業有限公司 , 2023.05
面；　公分
POD 版
ISBN 978-626-357-343-7(平裝)
1.CST: (宋) 李清照 2.CST: 傳記
782.8521　　　　　 112005985

愁言三瘦李清照：婉約詞風、文士抱負、金石為錄，懷家國之憂易安於容膝，望故土難歸卻尋尋覓覓

臉書

作　　　者：周舒
發 行 人：黃振庭
出 版 者：崧燁文化事業有限公司
發 行 者：崧燁文化事業有限公司
E - m a i l：sonbookservice@gmail.com
粉 絲 頁：https://www.facebook.com/sonbookss/
網　　　址：https://sonbook.net/
地　　　址：台北市中正區重慶南路一段六十一號八樓 815 室
Rm. 815, 8F., No.61, Sec. 1, Chongqing S. Rd., Zhongzheng Dist., Taipei City 100,
Taiwan
電　　　話：(02) 2370-3310　　傳　　　真：(02) 2388-1990
印　　　刷：京峯彩色印刷有限公司（京峰數位）
律師顧問：廣華律師事務所 張珮琦律師

定　　　價：375 元
發行日期：2023 年 05 月第一版
◎本書以 POD 印製